Christine Recht

Plantes aromatiques

Culture à la fenêtre, sur le balcon, en terrasse.
Les conseils de spécialistes
pour les cultiver, les soigner, les multiplier et les cuisiner.

Collection dirigée
par Patrick Mioulane

HACHETTE
Pratique

Sommaire

3 Avant-propos

4 Où faire pousser vos plantes aromatiques ?
4 Sur le balcon ou la terrasse
5 Les meilleurs contenants pour le balcon ou la terrasse
7 Terrasses de plain-pied
9 Au jardin
10 Tout autour de la pelouse
11 Dans l'arrière-cour
11 Sur le rebord de la fenêtre
11 À l'intérieur
12 Les contenants

14 Bien choisir le support de culture
14 La terre et les pots
16 La terre pour les massifs
17 Le compost
17 Le drainage

18 Semis ou jeunes plants ?
18 Les semences
18 Semis sur la fenêtre
20 Le repiquage
20 Semis en pleine terre
22 L'emploi de jeunes plants

23 Une culture facile
23 Le climat favorable
24 L'arrosage
25 La fertilisation
26 La taille de rajeunissement
26 Maladies et ravageurs

28 Récolte et conservation
28 La cueillette
28 La conservation
31 Cuisiner les aromatiques
32 Propriétés thérapeutiques

33 Multiplication et hivernage
33 Multipliez facile
34 Bouturage
34 Marcottage
34 Division des touffes
34 Drageonnage
35 Les condimentaires en hiver

36 Les plantes condimentaires d'utilisation courante
36 Les différentes rubriques
38 Aneth
39 Basilic
40 Bourrache
41 Capucine
42 Cerfeuil
43 Ciboulette
44 Cresson alénois
45 Estragon
46 Laurier
47 Livèche
48 Marjolaine
49 Mélisse
50 Menthe poivrée
51 Origan
52 Persil
53 Pimprenelle
55 Romarin
56 Sarriette
57 Sauge
58 Thym

60 Index

Avant-propos

Connaissez-vous le secret des plantes aromatiques – ces herbes parfumées dont l'arôme relevé donne la dernière touche de saveur à vos plats, les rend plus digestes, et dont le vert si frais et la floraison somptueuse sont un régal pour les yeux ? Ceux qui aiment les plantes savent que les herbes aromatiques apportent santé et joie de vivre dans la maison.

Et quel plaisir de présenter à table des herbes fraîchement récoltées que l'on a cultivées soi-même ! Vous n'avez même pas besoin de posséder un jardin car de nombreuses espèces poussent très bien sur un balcon ou le rebord d'une fenêtre.

Ce petit guide vous indique tout ce que vous devez savoir pour réussir votre jardin d'herbes aromatiques. Les indications de l'auteur, spécialiste en la matière, sont claires et faciles à suivre. Même si vous ne savez pas encore jardiner, vous cueillerez bientôt vos propres herbes. Peu importe où vous choisissez de les cultiver, à la fenêtre, sur le balcon ou au jardin, les précieux conseils de Christine Recht vous accompagneront tout au long de l'année : comment les acheter, en graines ou en jeunes plants, comment les cultiver, quelles sont leurs exigences en lumière et en chaleur afin de leur offrir le meilleur emplacement, quel est le bon support de culture, quand les cueillir.

Les illustrations en couleurs vous montrent pas à pas comment semer, rempoter, arroser, même si vous n'avez encore aucune expérience. Pour que votre jardin d'herbes aromatiques sorte de l'ordinaire, l'auteur vous donne une foule d'idées – à chaque fois illustrées – pour fabriquer une pyramide de plantes dans le jardin, ou encore une jardinière ou un support étagé pour le balcon ou la terrasse. Vous trouverez aussi des conseils pour combattre efficacement les parasites et les maladies ainsi que des idées pour multiplier vos plants.

L'auteur vous explique à quel moment cueillir vos plantes condimentaires afin qu'elles vous donnent le meilleur de leur parfum et de leur goût. Vous apprendrez aussi comment les conserver (séchage, congélation ou conserve) et quels plats elles accompagnent le mieux. De superbes photos, réalisées spécialement pour ce guide, vont vous mettre en appétit et vous donner envie de jardiner. Pour plus de facilité, vous trouverez pour chacune des plantes condimentaires les plus usitées une fiche nominative accompagnée de photos couleur. Nous vous souhaitons beaucoup de plaisir à cultiver vos herbes pour réaliser des plats savoureux.

Où faire pousser vos plantes aromatiques ?

D'une saveur subtile, ces plantes apportent la petite touche de fantaisie indispensable à un repas réussi. Pour les utiliser fraîches, nul besoin de posséder un jardin. Avec un peu de soleil et d'eau, le balcon, la terrasse, l'arrière cour, et même le rebord de la fenêtre, et l'intérieur en hiver pourront accueillir des bonnes herbes. Partout où vous pouvez trouver un petit coin qui se prête à la culture pensez aromatiques, ce sont des plantes si faciles !

Sur le balcon ou la terrasse

Les plantes aromatiques ne font pas montre de beaucoup d'exigences. Souvent plus rustiques que beaucoup de fleurs de balcon, elles poussent facilement en bacs et en pots, mais il faut bien avouer que certaines ne deviendront jamais aussi opulentes dans ces récipients, qu'en pleine terre au jardin. Mais leur arôme s'épanouira avec la même générosité sur le balcon ou la terrasse.

De nos jours, quel appartement, en ville ou à la campagne, n'est pas agrémenté d'un balcon, d'une terrasse ou d'un rebord de fenêtre ? Il est donc toujours possible de cultiver avec plaisir quelques herbes chez soi.

Vous serez étonné par le nombre de plantes que l'on peut faire pousser sur un tout petit espace et de la générosité de la récolte obtenue si vous suivez nos conseils *(voir page 23)*.

Si vous possédez une terrasse de plain-pied, reportez vous page 7.

• Le bon emplacement

L'exposition au sud : elle est la meilleure pour les plantes de plein soleil et celles originaires du Bassin méditerranéen (romarin, basilic, lavande, thym, sarriette, etc.). Les espèces de mi-ombre devront être installées de telle sorte qu'elles ne soient pas toute la journée baignées de soleil mais ombragées par d'autres plantes qui les abriteront de la chaleur de midi.

L'exposition à l'ouest ou à l'est : elle est favorable à la plupart des plantes condimentaires. Celles qui ont besoin de chaleur seront placées directement le long d'un mur qui reçoit le soleil plusieurs heures. La nuit, il leur restituera progressivement la chaleur emmagasinée durant le jour.

L'exposition au nord : elle est déconseillée pour la plupart des plantes condimentaires excepté le cresson de fontaine, la ciboulette, le persil, vire l'estragon mais pas les espèces qui ont besoin de beaucoup de soleil.

Le problème du vent : il se pose surtout pour les balcons très hauts (à partir du cinquième étage) ou ceux qui se trouvent en déport par rapport à la façade de l'immeuble. N'accrochez jamais vos jardinières à l'extérieur de la rambarde car les herbes craignent les courants d'air violents. Le meilleur emplacement se situe à l'intérieur du balcon. C'est près d'un mur ou d'une palissade que vos plantes seront le mieux protégées du vent.

• Attention au poids !

C'est un point important à considérer avant d'entreprendre la culture des plantes sur le balcon ou la terrasse. Les plantes en elles-mêmes ne sont pas bien lourdes, mais ne sous-estimez pas le poids du bac et de la terre, qui augmente de moitié lorsque vous arrosez abondamment.

La charge autorisée : elle est en moyenne d'environ 250 kg/m^2, dont il faut retirer le poids du revêtement de sol. Dans le doute, prenez conseil auprès de l'architecte ou du propriétaire de votre immeuble.

Les meilleurs contenants pour le balcon ou la terrasse

Pots, jardinières, bacs, coupes, vasques, appliques, jarres, etc. se conjuguent à l'infini dans des matériaux, de formes, de styles, de finitions et de coloris des plus variés.

• Les pots classiques

La plupart des plantes condimentaires y pousseront facilement.

Les dimensions : elles doivent être suffisantes notamment en profondeur pour que les sujets au système racinaire important réussissent à bien se développer. Les plantes à racines superficielles (thym, persil) poussent très bien dans des coupes peu profondes. Une règle fondamentale : plus le pot est grand et plus la plante se développe bien. Un pot de 20 cm de diamètre semble un minimum vital.

Les pots de terre : ils conviennent mieux aux plantes condimentaires que les pots en plastique. La plupart des herbes préfèrent un sol plutôt sec et les pores minuscules de la terre cuite laissent échapper beaucoup d'humidité en permanence.

Les pots en plastique : ils ne laissent l'eau s'évaporer que par la surface du substrat. Ils conviennent surtout pour les plantes qui aiment une forte humidité : persil, basilic, ciboulette.

Les plantes aromatiques comme ici thym et marjolaine accompagnent avec bonheur les potées décoratives sur le balcon ou la terrasse.

L'emplacement : si vous désirez cultiver un grand nombre de plantes condimentaires, les pots risquent de prendre beaucoup de place. Voici quelques solutions pratiques :

- Étagez les végétaux en plaçant, par exemple, sur un banc les plantes qui aiment le soleil, et au pied celles qui préfèrent la mi-ombre.
- Vous pouvez aussi organiser les différents niveaux d'une étagère sur le même principe *(illustrations page 9)*.
- Installez sur la largeur de votre balcon un support à trois marches, facile à fabriquer vous-même si vous disposez de quelques planches solides.
- Associez les condimentaires à des potées fleuries pour obtenir un décor varié et différentes expositions.
- Accrochez les pots de condimentaires sur un treillage que vous aurez appliqué sur un mur bien exposé.
- Des supports de pots peuvent aussi être fixés sur les persiennes si vous ne les fermez pas régulièrement.

• Les jardinières

Elles vous permettent de composer de véritables petits jardins d'herbes aromatiques en associant dans le même bac différentes espèces qui présentent des besoins similaires.

Les dimensions : le bac doit être assez grand et profond pour que les racines des plantes s'y développent sans problème. Dans une balconnière de 60 cm de long, vous pouvez faire pousser trois ou quatre plantes.

Un bac en bois sur roulettes

Taillez le fond, les côtés et la partie supérieure (à l'aide d'une boîte à onglets), percez les trous d'écoulement dans le fond. Assemblez et vissez les côtés, puis collez-les sur le fond afin qu'ils dépassent un peu, mais sans toucher les roulettes. Assemblez le rebord supérieur par collage et vissage, puis enduisez l'intérieur de silicone.

Les matériaux : les bacs en bois sont esthétiques, mais on trouve aussi de très jolis contenants en terre cuite et même en plastique. À l'inverse des pots individuels, ce matériau est même préférable pour les jardinières de grande taille, puisque l'eau va s'évaporer moins vite. Les bacs en béton ou en pierre reconstituée sont trop lourds pour un balcon.

Les formes : un bac triangulaire occupera un angle. Des petits bacs hexagonaux mis côte à côte forment un vrai jardin. Les jardinières rondes prennent plus de place que les bacs carrés, mais permettent des compositions plus variées.

Fabriquez votre jardinière en bois :

- Le bois dur (chêne, teck, hêtre) résiste plus longtemps à l'extérieur que le bois tendre (sapin ou pin).
- Assemblez les diverses parties par tenons et mortaises ou avec des vis inoxydables. Les clous rouillent vite.
- Prévoyez des trous dans le fond du bac pour l'écoulement de l'eau et placez la jardinière sur des petits pieds ou des roulettes afin que l'air circule dessous. Si le fond reste humide en permanence, il va pourrir en peu de temps.
- Badigeonnez l'intérieur de votre jardinière avec un produit non toxique pour les plantes ou avec du silicone. Si vous le chemisez d'une feuille plastique, limitez-vous aux côtés, le fond doit rester perméable car les plantes condimentaires craignent l'eau stagnante.

PATRICK MIOULANE
▶▶▶▶▶ *vous conseille*

Installez votre bac à plantes sur des roulettes, au printemps ou à l'automne, vous pourrez le déplacer facilement pour qu'il reçoive le maximum de soleil.

• Les suspensions

Il existe des modèles en terre cuite, en bois ou en plastique. Les corbeilles en fil métallique ou en osier sont aussi valables. Il suffit de les tapisser d'une feuille plastique percée de trous pour l'écoulement de l'eau. Évitez de placer vos suspensions dans les courants d'air, qui sont très nocifs pour les plantes.

• Un tonnelet de bonnes herbes

C'est un contenant pratique et simple que vous pouvez installer n'importe où. Le tonnelet offre beaucoup de volume de terre aux plantes, tout en occupant une faible surface. Les pots dits « à oreilles » sont une version similaire en terre cuite

Pour le fabriquer vous-même :

- Choisissez un tonnelet en bois de volume moyen *(illustrations à droite)*.
- Percez les flancs de plusieurs trous d'environ 4/5 cm de diamètre, pour y placer les jeunes plants.
- Percez le fond du pot de plusieurs trous de 6 à 10 mm de diamètre, pour l'écoulement de l'eau.
- Au centre du contenant, placez un rouleau de carton empli de billes d'argile, qui facilitera l'arrosage.
- Épandez au fond un lit de gravier sur 20 cm d'épaisseur environ.
- Remplissez de terreau ou d'un mélange de terre et de compost.

LE BON RÉFLEXE

Accrochez vos suspensions à une hauteur telle qu'il ne sera pas nécessaire d'utiliser un escabeau chaque fois que vous souhaiterez prélever quelques pousses !

- Pour que la terre et les plantes ne tombent pas par les trous, découpez dans un feutre jardin, de la toile de sac ou des bas nylon, des morceaux de 15 cm de côté. Faites au milieu une incision en croix de 3 cm de long. Vous ferez passer dedans les racines du jeune plant. Fixez chaque morceau de tissu à l'intérieur du tonnelet avec des agrafes.
- Plantez en commençant par le bas. Glissez le jeune plant dans le trou, après avoir réduit l'importance de sa motte en tassant autour des racines
- Le rouleau de carton doit être placé verticalement au centre du tonnelet. Posez dessus un pot de plastique dont vous aurez découpé le fond. Il servira d'entonnoir pour l'arrosage. Le carton va pourrir, mais il restera la colonne de billes d'argile qui permettra la distribution équitable de l'eau à l'intérieur du tonnelet.

Fabriquez un tonnelet à bonnes herbes

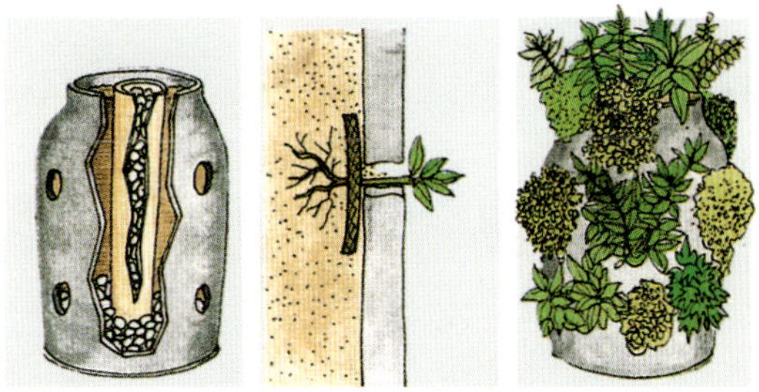

Percez des trous dans un pot de plastique, recouvrez le fond de graviers, faites un puits de carton au milieu et emplissez-le aussi de graviers. Plantez du bas en haut, en faisant passer les racines du jeune plant à travers un morceau de tissu percé, que vous placerez ensuite sur le bord intérieur du récipient avant d'emplir de terre.

Terrasses de plain-pied

De nombreux appartements en rez-de-chaussée et la majorité des pavillons sont prolongés sur la façade (le plus souvent à l'arrière) par une surface dallée. Cet espace souvent transformé en salle à manger de plein air gagne à être environné de potées ou de bacs de plantes condimentaires que l'on se plaira à cueillir toutes fraîches pour accompagner les salades et les grillades. Les plantes doivent recevoir suffisamment de soleil, la terrasse doit donc être entourée d'une haie suffisamment basse pour qu'elle ne génère pas une ombre gênante. Si votre terrasse est ombragée par une pergola ou une marquise, placez les plantes aromatiques sur le devant, à la lumière.

• Jardinière sans fond

C'est un bon moyen pour cultiver des plantes condimentaires dans un petit coin du jardin, avec pour avantage de bénéficier des remontées d'eau capillaires en provenance du sol ce qui évite le dessèchement rapide en été. À l'inverse, par temps pluvieux, l'absence de fond assure un bon drainage. Au printemps et en automne, couvrez l'emplacement d'un tunnel plastique ou d'un voile, afin de pouvoir récolter des herbes toute l'année.

L'EMPLACEMENT : étant définitif, installez cette jardinière au bord de la terrasse, directement sur la terre et non sur les dalles. Ainsi, vous n'aurez pas de problème pour l'écoulement de l'eau. Vous pouvez aussi l'intégrer à la terrasse, de préférence au moment de la construction de cette dernière pour économiser des dalles. Cette jardinière surélevée est à la fois esthétique et pratique (accès facile).

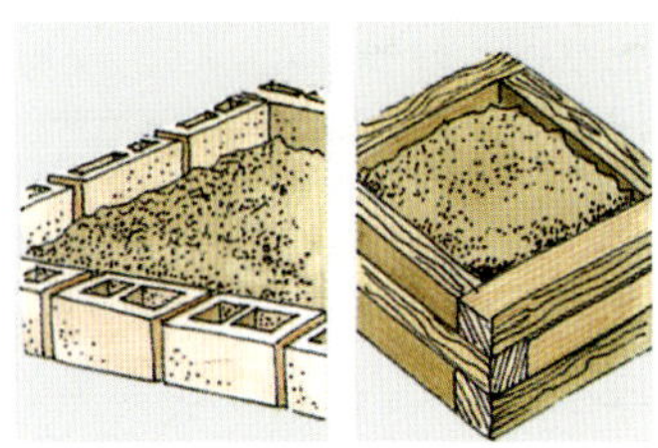

Jardinière sans fond

Posez des briques creuses côte à côte ou bien assemblez des planches avec équerres et vis, et le tour est joué !

PATRICK MIOULANE

▸▸▸▸▸ *vous conseille*

Avec le temps, la terre se tasse et les racines risquent de s'asphyxier dans un substrat trop compact. Même dans de grands récipients, un rempotage est nécessaire tous les 2/3 ans.

Disposition astucieuse
Sur le balcon, disposez les pots de plantes aromatiques sur plusieurs niveaux afin qu'elles bénéficient de la meilleure exposition possible (basilic, sauge, origan).

Construisez la jardinière sans fond : il n'en existe pas dans le commerce *(voir illustrations page 7)*.

Le rebord ne doit pas dépasser 50 cm, sinon la pression de la terre serait trop importante.

Utilisez des planches de bois, ou des traverses de chemin de fer, empilées et assemblées avec des équerres. Des planches en arêtes vives assemblées par vis aux quatre coins.

• **Conseil :** les traverses de chemin de fer et le bois traité (renseignez-vous avant l'achat) contenant des substances nocives pour les plantes, placez une feuille de plastique entre les parois et la terre. Si vous achetez du bois brut, traitez-le avec un produit non nocif, le bois non traité pourrit très rapidement. Autres possibilités : on peut construire la jardinière avec des briques ou des parpaings creux simplement posés côte à côte. On peut emplir les parpaings de terre pour y planter d'autres herbes.

• **Important :** si votre jardinière est posée sur un dallage, faites une installation pour l'écoulement de l'eau. Sur les modèles en bois, taillez à la scie des ouvertures juste au-dessus du sol à 20 cm les unes des autres. Percez des trous avec une mèche dans les jardinières en pierre.

Quand votre jardinière est prête, disposez sur le fond 10 cm de graviers, que vous recouvrirez d'une couche de matériaux drainants avant de la remplir d'un substrat léger.

• Un support étagé

Sur la terrasse, il sera accessible des deux côtés, et vous pouvez le faire un peu plus haut que celui prévu pour un balcon. Des marches suffisamment

PATRICK MIOULANE
▶▶▶▶▶ *vous conseille*

En général, les terrasses sont très légèrement inclinées vers l'extérieur pour faciliter l'écoulement des eaux de pluie. Vérifiez avec un niveau que cette pente (environ 2 %) existe bien. Si ce n'est pas le cas, ne faites surtout pas de trou d'écoulement en direction de l'habitation.

élevées, disposées de chaque côté vous procurent beaucoup d'espace pour des pots et des terrines emplis d'herbes parfumées.

Quelques conditions à respecter :

- la marche supérieure doit être deux fois plus large que les autres. On peut y mettre des pots de grande taille.
- Le support doit être stable pour résister à une charge importante.
- Placez-le de telle sorte qu'il reçoive le soleil de tous les côtés. La meilleure disposition est est/ouest, en plaçant les plantes les plus avides de soleil à l'extrémité sud.

• Des bonnes herbes tout autour de la terrasse

Vous pouvez installer les plantes condimentaires dans les bacs avec les fleurs. La plupart du temps les terrasses sont un peu surélevées, le matériau utilisé est poreux, le sol restera donc suffisamment sec.

DANS UN JARDIN DE ROCAILLE : toutes les plantes méditerranéennes s'y trouveront bien : origan, thym, marjolaine, romarin et sauge. Les pierres conservent la chaleur et la restituent la nuit. Placez les autres aromatiques parmi les arbustes et les fleurs d'été. Associez celles qui ont les mêmes exigences en nourriture et en eau.

Au jardin

C'est là qu'elles pousseront au mieux. Même sur un bout de jardin trop petit pour faire pousser des légumes, un coin d'herbes aromatiques au milieu du gazon peut être agréable à l'œil. On peut imaginer d'autres dispositions que la platebande traditionnelle.

• Massif d'aromatiques

S'il est planté serré et bordé de fleurs d'été, il sera beau et utile.

COMMENT PROCÉDER ?

- Avec une corde, et un ou deux piquets, tracez un cercle au milieu de la pelouse et enlevez l'herbe.
- Ameublissez la terre sur la profondeur d'une bêche environ.
- Le long du tracé, montez un muret sec d'environ 50 cm de haut en cailloux ; posez les cailloux les uns sur les autres sans mortier. Vous emplirez les interstices de terre pour installer des plantes de rocaille.
- À l'intérieur du cercle ainsi tracé, placez du gravier sur 10 cm environ, pour assurer le drainage, puis le substrat de terre de jardin, sable et compost, pour fabriquer un petit monticule.

Serre de balcon

Au printemps et à l'automne, vous pouvez transformer en serre une simple étagère murale. en la couvrant d'une armature vitrée ou plastique.

- Tout en haut du talus, plantez les herbes de grande taille, les autres seront disposées sur les flancs en fonction de leurs besoins en soleil.

• En colimaçon

C'est une autre forme de massif surélevé. Elle vous offre une plus grande diversité d'emplacements.

- Montez un muret sec en briques ou en pierre, en lui donnant la forme d'une coquille d'escargot. La partie la plus haute ne doit pas dépasser 80 cm. Plantez à votre gré.

Fabriquez un muret pour vos herbes aromatiques

Montez un muret sec en pierre ou avec des briques (ne dépassant pas 80 cm de hauteur). Emplissez-le de terre, plus riche et consistante en bas qu'en haut. Placez un petit étang au pied de la spirale. Plantez les herbes de plein soleil et de sol sec en haut, celles qui ont de plus grands besoins nutritifs en bas.

Emplissez la coquille ainsi formée de pierraille, puis d'un mélange pas trop riche de terre, compost et sable.

La terre de la partie supérieure doit être plus pauvre, plus sableuse ; vous y installerez toutes les plantes qui réclament le plein soleil.

Vers le bas de la spirale, l'endroit où elle s'aplatit, enrichissez le sol avec une plus forte proportion de compost pour les plantes qui ont besoin d'une nourriture plus substantielle.

PATRICK MIOULANE
▶▶▶▶▶ *vous conseille*

Associez un petit bassin à vos massifs ou talus d'aromatiques. Un bac en plastique de 40 cm de diamètre et 20 cm de profondeur suffit. Enterrez-le pour y faire pousser du cresson de fontaine et de la menthe aquatique.

• Jardin surélevé

Il sera installé en pleine terre, jamais sur un sol dallé ou cimenté.

COMMENT PROCÉDER ?

Construisez un bâti carré d'au moins 1 m de haut, en planches, traverses de chemin de fer ou en briques. Il doit être bien ancré dans le sol (construisez des fondations ou fixez les planches dans le sol) pour résister à la pression d'une grande quantité de terre.

Pour que l'eau puisse bien s'écouler, ameublissez le sol tout autour de votre jardin surélevé.

Emplissez le bâti : au fond, sur environ 40 cm de haut, vous mettrez des branchages et autres matériaux décomposables : d'abord de grosses branches grossièrement coupées, puis des branches plus petites hachées, recouvertes de feuilles mortes, de tontes de gazon et autres matériaux du même genre.

Ajoutez alors du terreau sur 40 cm d'épaisseur, puis 20 cm d'un mélange de terre de jardin, compost et sable.

Le jardin suspendu va se tasser au fil des ans, à mesure que la couche inférieure se décompose en dégageant une grande quantité de chaleur, utile aux plantes. Chaque année, ajoutez par le haut un peu de mélange de terre et de compost.

Vous pouvez planter des espèces différentes semées très serré puisque les racines vont pouvoir s'enfoncer profondément dans le sol bien meuble. Sur le pourtour, vous planterez des fleurs à port retombant ou des légumes à tige rampante.

• Jardin pyramidal

Il se fabrique selon le même principe qu'un jardin surélevé, mais avec plusieurs étages en dégradé. La pyramide se compose de trois caisses sans fond, dont chacune mesure environ 40 cm de haut.

COMMENT PROCÉDER ?

Ameublissez le sol profondément à l'endroit où vous souhaitez installer votre jardin d'aromatiques.

LE BON RÉFLEXE

La pyramide, avec ses trois niveaux, offre à vos plantes condimentaires les conditions optimales de culture. Emplissez la caisse inférieure du mélange le plus riche pour les herbes qui ont de grands besoins nutritifs. La caisse la plus élevée recevra en revanche un mélange plus pauvre, plus calcaire, pour les plantes des régions ensoleillées.

Placez la première caisse, que vous emplirez de débris de bois et de terre comme pour le jardin suspendu.

La deuxième, puis la troisième caisse, chacune un peu plus petite que la précédente, seront disposées puis emplies de la même façon.

Tout autour de la pelouse

Vos plantes aromatiques pousseront très bien dans les plates-bandes installées autour de la pelouse si vous veillez à les placer parmi les arbustes qui ont les mêmes exigences en eau, fertilisants et lumière. Pensez que certaines herbes vont atteindre une taille importante au cours de l'été, veillez donc à ce qu'elles aient assez de place.

• La plate-bande classique

C'est la solution la plus simple pour faire pousser les plantes condimentaires au jardin. Il vous suffit d'un mètre carré pour toutes les plantes. Veillez à ce que le sol soit suffisamment

Pyramide et jardin surélevé.

Construisez une caisse d'environ 1 m de haut, en planches (à gauche) ou en briques (à droite). Le grillage du fond est une protection contre les taupes. Pour le jardin pyramidal, placez une caisse un peu plus petite sur la première (milieu). Plantez vos herbes aromatiques serrées, placez des plantes à port retombant sur le pourtour (concombres, fraises, fleurs).

meuble et pas trop riche. Au besoin, ajoutez du sable ou du gravier si le sol est argileux. Vous obtiendrez un effet très décoratif en entourant la plate-bande d'une haie très basse.

Dans l'arrière-cour

La végétation envahit de plus en plus l'arrière-cour ? Pourquoi ne pas y faire aussi pousser des herbes aromatiques ? Il faut bien sûr qu'elle soit ensoleillée. Très souvent, le sol est inutilisable donc. Il va vous falloir construire en hauteur avec des installations pour balcons et terrasses, par exemple le tonnelet à herbes. Notez que les jardins surélevés ou pyramidaux sont aussi très bien adaptés.

Sur le rebord de la fenêtre

Dans une jardinière, vous pouvez faire pousser un large assortiment d'herbes aromatiques. L'air et la lumière leur sont profitables. Installez une jardinière à la fenêtre si :

- Vous habitez tout au plus au cinquième étage (plus haut il y a trop de vent dont la force est supérieure).
- Le rebord extérieur est suffisamment large pour y accueillir une jardinière avec son système de fixation.
- Vous pouvez sceller des supports solides de telle sorte que votre jardinière soit suspendue sous le niveau de la bordure.

• **Attention :** assurez-vous qu'il n'y a aucun risque de chute car vous êtes civilement responsable des accidents provoqués par votre installation. Il faut aussi prévoir un système de récupération de l'eau d'arrosage en excès car l'eau ne doit bien sûr pas couler sur les passants.

LE BON RÉFLEXE

On trouve dans le commerce des cloches en plastique transparent pour les jardinières. Elles serviront à protéger vos plantes du vent et de la pluie.

À l'intérieur

Vous pouvez aussi faire pousser des plantes condimentaires à l'intérieur, devant une fenêtre, mais il faut savoir qu'elles ne se développeront pas aussi bien qu'à l'extérieur. Les plantes qui ne reçoivent pas directement le soleil ne développent pas le même arôme que celles qui poussent en plein air. Certaines herbes se prêtent cependant assez bien à la culture en intérieur.

PRÉFÉREZ LES ESPÈCES ANNUELLES : en sachant que vous les remplacerez par d'autres lorsque la récolte sera terminée. En revanche, pour l'hiver, les aromatiques vivaces donnent plus de satisfaction. Mais il est possible de réussir des semis toute l'année dans la maison, notamment avec le persil et le basilic.

QUELLES PLANTES CHOISIR ? Basilic, cerfeuil, cresson, mélisse, persil, pimprenelle, thym et ciboulette.

L'EXPOSITION : préférez une fenêtre à l'est ou à l'ouest. Une orientation plein sud est trop chaude, même pour les plantes de plein soleil, surtout en été. Une fenêtre au nord ne fournira pas suffisamment de lumière.

IMPORTANT : les plantes poussant devant une fenêtre doivent être arrosées plus souvent qu'en plein air car elles se dessèchent plus vite. L'air d'une pièce est toujours beaucoup plus sec que celui de l'extérieur, même en été. Vaporisez-les aussi avec de l'eau non calcaire.

Les aromatiques réussissent dans des contenants de formes très variées.

Les pots à oreilles sont originaux.

Les contenants

En matière de formes, de volumes, de finition et de décoration, l'offre de contenants s'est considérablement améliorée ces dernières années. On trouve aujourd'hui des modèles de tous les styles qui pour une grande majorité peuvent permettre à des plantes aromatiques de prospérer.

• Les pots

Ce sont les récipients les plus indiqués pour une culture spécifique car vous pouvez offrir à chaque plante le substrat adéquat et une fréquence d'arrosage personnalisée.

Pour les grands volumes : préférez les pots en terre cuite à ceux en plastique, même si cela vous contraint à des arrosages plus fréquents. En revanche, le plastique convient mieux aux petits pots car il ne pompe pas l'eau au détriment de la plante qui sèche donc moins vite.

L'eau qui stagne : les pieds au frais sont mortels pour la plupart des plantes condimentaires. Si vous utilisez des cache-pots décoratifs, il faut absolument contrôler, une heure après l'arrosage, qu'il ne reste pas d'eau au fond du cache-pot.

• Les jardinières

Elles offrent une bonne alternative pour composer un décor assez opulent. Elles peuvent simplement servir d'élément décoratif. Dans une jardinière de terre cuite, par exemple, placez une série de bonnes herbes laissées dans leur pot en plastique et emplissez les interstices d'argile expansée ou de tourbe.

Aromatiques disposées à la verticale.

Jardinière d'aromatiques avec bouquet de ciboulette, aneth, persil et sauge.

La tourbe et l'argile expansée : elles captent l'humidité qui s'écoule des pots et la restituent peu à peu, comblant les besoins des plantes. L'eau ne risque pas de stagner et les arrosages sont moins fréquents.

Un autre avantage : l'humidité du matériau de remplissage s'évapore lentement et augmente le taux d'hygrométrie, ce qui est excellent pour toutes les plantes aromatiques, surtout celles cultivées à l'intérieur.

Ne voyez pas trop petit : les modèles de balconnières bon marché dont la profondeur est inférieure à 20 cm, ne permettent pas de réussir une culture permanente de la plupart des plantes aromatiques.

• D'autres contenants

Pour les grandes espèces (romarin et laurier surtout), un bac, plutôt carré, de 30 à 40 cm de profondeur est idéal. En revanche, les menthes, aux racines traçantes et les thyms, naturellement tapissants, apprécient les vasques et coupes assez plates. Persil et cerfeuil réussissent en suspension.

PATRICK MIOULANE
▶▶▶▶▶ *vous conseille*

Les plantes poussent mieux dans des contenants de grand volume. Si vous en associez plusieurs dans une même jardinière, veillez à ce que les différentes espèces présentent des exigences de culture similaires.
Persil, ciboulette et basilic vont bien ensemble, de même que thym, romarin et laurier ou cerfeuil, origan et marjolaine.
La texture de la plante vous donne une bonne indication à ce sujet.

Bien choisir le support de culture

Quand on cultive des plantes condimentaires en pot ou dans un tout petit coin de jardin, il faut bien choisir la terre pour les voir prospérer. La plupart d'entre elles sont peu exigeantes, mais elles ont tout de même besoin de certains éléments nutritifs. Dans les pots, à l'inverse du jardin, les éléments que la plante puise dans le sol ne se renouvellent pas naturellement.

La terre et les pots

En pleine terre, les éléments nutritifs se renouvellent d'eux-mêmes. Des milliards de micro-organismes et de nombreux vers de terre ne cessent de modifier le sol sur les plans chimique et physique.

Les herbes aromatiques, qui n'ont pas de grandes exigences en fertilisants, poussent des années durant dans le jardin sans nécessiter de compléments nutritifs.

Il n'en va pas de même dans les pots. Comme vous devez limiter la fertilisation de vos plantes condimentaires *(voir page 25)*, la terre des pots est épuisée au bout d'une année environ. Dès la plantation, vous devez fournir à vos herbes les éléments nutritifs qui conviennent, en quantité suffisante, pour pallier le peu de place dans le pot. Chaque année vous devrez renouveler la terre, qui pourra être réemployée dans le jardin.

• Les substrats du commerce

La culture des plantes aromatiques prenant de plus en plus d'importance, nombre de grandes marques proposent un terreau spécifique. Dans la plupart des cas, il convient bien pour les espèces annuelles. Si vous disposez d'autres types de terreau, voici nos conseils :

Le terreau pour fleurs : il ne convient généralement pas pour les plantes condimentaires car il est souvent trop riche en fertilisants, tandis que la plupart des condimentaires se montrent peu gourmandes. Toutefois, livèche, ciboulette, estragon, persil, basilic et bourrache peuvent réussir dans un mélange de terreau pour fleurs, sable et compost.

Beaucoup ne pousseront pas du tout dans un terrain trop riche, d'autres vont atteindre un grand développement, mais perdront leur arôme.

Les terreaux à base de tourbe : ils conviennent très bien. Ce sont des mélanges d'écorce et de tourbe avec parfois un peu de terre argileuse et très légèrement enrichie. Les terreaux qui ne contiennent pas d'engrais conviennent pour le démarrage de vos cultures et pour les plantes de sol pauvre. Ajoutez un peu de sable et de compost, éventuellement de la chaux si le pH est trop acide.

Les plantes aromatiques sont peu gourmandes, choisissez bien votre terreau.

Le terreau de rempotage : c'est souvent un mélange de terre argileuse, de tourbe, d'écorce et de billes de matériaux expansés qui servent à ameublir le sol. C'est un très bon support pour la culture des plantes condimentaires, mais il faudra y ajouter du sable ou du compost, voire les deux, en fonction des besoins particuliers de chaque espèce.

La tourbe : elle ne contient aucun élément nutritif, mais elle a la propriété de bien retenir l'eau. Rien ne pousse dans la tourbe pure. Les herbes qui préfèrent un sol très pauvre réussissent dans un mélange à parties égales de tourbe, de sable (ou du gravier très fin) et de compost.

• Mélanges gratuits

Vous pouvez utiliser de la terre de jardin pour vos plantations en pots, à condition de la tamiser et de l'améliorer. Si vous avez déjà essayé de cultiver une plante en pot dans de la terre de jardin, vous savez que celle-ci se compacte très vite et forme un bloc dur comme de la pierre.

La terre de jardin : si vous avez besoin de petites quantités, vous en trouverez chez vos amis qui possèdent un jardin, ou chez un horticulteur complaisant, si vous avez la chance d'en connaître un. Soyez attentif à la qualité de cette terre :

- Un sol sableux nécessitera peu ou pas du tout d'apport de sable. En revanche, il faut ajouter un peu de tourbe et d'argile afin qu'il retienne mieux les éléments nutritifs et l'eau.
- Le meilleur sol est la terre humifère des plates-bandes, à la fois meuble et grumeleuse. Ajoutez du sable ou de la tourbe, et un peu de compost.
- Un sol argileux ne convient pour la culture des plantes condimentaires que si vous le mélangez à parties égales avec du sable, de la tourbe et du compost finement tamisé.

La rue est trop grande pour le balcon, mais superbe dans un jardin.

Les taupinières : elles donnent une bonne terre, qui ne contient pas de graines de mauvaises herbes. Mais elle est assez pauvre, puisque les taupes creusent dans les couches profondes du sol. Suivant la nature du sol, elle sera plutôt argileuse ou sableuse, vous devrez donc l'amender comme la terre de jardin avant d'y faire pousser vos herbes. Ajoutez des engrais retard et davantage de compost que pour la terre de jardin, qui contient déjà des éléments nutritifs.

• Le substrat idéal

Il varie selon les besoins de chaque plante. N'oubliez pas que les herbes aromatiques sont des plantes sauvages ! Plus la terre est proche de celle dans laquelle elles sont à l'état naturel, plus elles pousseront. On distingue trois groupes de supports de culture :

Sol très pauvre : on mélange une partie de terreau de tourbe, une de sable et une de compost. Il faut parfois ajouter de la chaux, à raison d'une cuillerée à café par pot.

Sol moyennement riche : mélangez deux parties de terreau de tourbe ou de terre de jardin et une partie de compost, ainsi qu'un peu de tourbe ou de sable (une poignée pour un pot de 20 cm de diamètre).

Sol riche : on mélange une partie de terre de jardin ou de terreau de tourbe et deux parties de compost. Ajoutez de la tourbe ou du sable si la terre de jardin est très argileuse.

Qualités des mélanges pour les plantes condimentaires

Pauvre	Assez riche	Riche
Cresson	Aneth	Bourrache
Marjolaine	Basilic	Capucine
Mélisse	Cerfeuil	Estragon
Origan	Ciboulette	Livèche
Romarin	Menthe poivrée	Laurier
Sauge	Persil	
Thym	Pimprenelle	
Lavande	Sarriette	

La réalisation d'un substrat : mêlez bien tous les matériaux. L'opération est plus facile à réaliser à sec. Seule la tourbe doit être un peu humide.

- Déposez les ingrédients dans un grand bac ou sur un film plastique.
- Émiettez les mottes à la main, supprimez les débris et tamisez le sable.
- Mélangez soigneusement les matériaux avec une petite pelle, et répartissez le tout dans les contenants.
- Après l'arrosage, le sol va se tasser. Conservez toujours un peu de substrat pour compléter les pots.

• Comment alléger la terre ?

Les bacs et les jardinières de grande taille peuvent devenir très lourds quand ils sont emplis de terre.

Il peut être préférable d'alléger la charge des pots, surtout sur le balcon où vous pouvez être amené à les déplacer, ou bien si vous voulez les rentrer en hiver.

Remplacez le sable ou la tourbe par des billes de matériaux expansés, argile ou perlite, tout en sachant que l'argile expansée a tendance à retenir l'eau et risque donc de s'alourdir.

Attention : le vent peut renverser les bacs ou les jardinières, ils ne doivent pas être trop légers. Des plantes de grande taille comme le romarin ou le laurier se développeront mieux dans un mélange assez lourd.

La terre pour les massifs

Pour améliorer un jardin surélevé ou un talus en spirale, quelques seaux de terre de taupinière ou un sac de terreau de tourbe ne suffiront probablement pas.

Procurez-vous de la terre végétale que vous mélangerez à du compost pour obtenir un sol qui convienne à vos plantes condimentaires.

La terre végétale est vendue par les entreprises du bâtiment ou par les grandes entreprises horticoles. Pour un talus de plantes condimentaires ou un jardin surélevé, un ou deux mètres cube suffisent.

• **Conseil :** choisissez votre terre végétale directement sur le dépôt car il arrive fréquemment que l'on vende pour de la terre végétale de la terre de remblai. Cette dernière, souvent grasse, caillouteuse et appauvrie n'est pas appropriée à la culture.

• Mélanges pour plate-bande

Comme pour la culture en pots, vous devez respecter les exigences particulières des plantes condimentaires que vous voulez cultiver.

Sol très pauvre : terre végétale (ou terre de jardin) mêlée à part égale avec du sable et du compost.

Sol assez riche : deux parties de terre végétale, une de compost, avec environ cinq seaux de sable par mètre cube de mélange.

Sol riche : une partie de terre végétale et deux de bon compost. Si la terre végétale est très dense, compacte, collante, ajoutez du sable.

Réalisez votre mélange :

- Procédez à sec.
- Émiettez les mottes et retirez tous les morceaux de bois et les cailloux que contient la terre végétale.
- Avec un transplantoir, mélangez les différents éléments sur un emplacement bien nettoyé.

• Quelques conseils

- Sur un talus, mettez de la terre riche dans un trou et plantez-y les herbes aromatiques exigeantes.
- Dans un tonnelet, placez dans les trous latéraux les herbes qui préfèrent un sol pauvre. Dans la partie

supérieure, comblez avec une couche de 20 cm de terre riche et plantez-y des plantes plus gourmandes.

- Pour les plantations en pleine terre, apportez du compost en automne et du terreau au printemps.

Le compost

Les plantes condimentaires sont des aliments, ne les fertilisez qu'avec des engrais organiques. Les engrais minéraux sont la plupart du temps trop riches en éléments azotés.

Le compost est idéal en tant que fertilisant pour toutes les herbes aromatiques, y compris celles qui poussent en terrain pauvre. Mais vous pouvez utiliser d'autres engrais organiques. On trouve du compost tout préparé en petites quantités dans les jardineries et les grandes surfaces. Préférez le compost fabriqué à partir de déchets de végétaux.

• Compost sur balcon

Fabriquer du compost dans un jardin, c'est très facile. Sur un balcon, c'est une démarche plus hasardeuse, mais qui s'inscrit dans les grandes idées de la tendance écologique.

Installez un sac à compost dans un coin du balcon, à exposition chaude et fermez-le pour éviter toute odeur.

Emplissez-le régulièrement avec des épluchures de légumes, des bouquets fanés, et autres déchets organiques. Ajoutez une poignée d'activateur pour compost dans 10 l de déchets. Le contenu du sac va se décomposer rapidement.

Si vous avez une cheminée : vous pouvez ajouter deux à trois pelletées de cendres de bois par sac.

Après six à neuf mois, vous disposerez d'un compost très nutritif mais dont le volume aura diminué de moitié aux deux tiers à l'intérieur du sac.

Au jardin : si vous en avez la possibilité, fabriquez un compost avec un silo spécifique. Procédez comme avec le sac à compost. Le silo ne doit pas être placé en plein soleil, et vous devez l'arroser quand il fait très sec.

Le drainage

Vous aurez beau choisir les meilleurs ingrédients pour votre sol, faire le mélange optimal, rien ne poussera si l'eau stagne dans vos bacs et jardinières. Le sol devient trop compact, les racines ne peuvent plus puiser les éléments nutritifs et l'oxygène, et la plante dépérit. Le drainage est donc un élément capital.

Dans les pots : il suffit de placer un tesson de poterie sur le trou d'écoulement et de disposer 2 cm de graviers ou de billes d'argile expansée dans le fond du pot. Le trou ne risquera pas de se boucher.

Dans les bacs et les jardinières : vous devez percer des trous d'écoulement (un seul ne suffit pas). Déposez au fond du bac une couche de 5 à 10 cm de graviers, de débris de poterie, d'argile expansée ou de billes de polystyrène expansé. Posez une toile de drainage sur le dessus, pour empêcher les éléments du sol de venir boucher les interstices. Faites remonter légèrement la toile de drainage le long des parois.

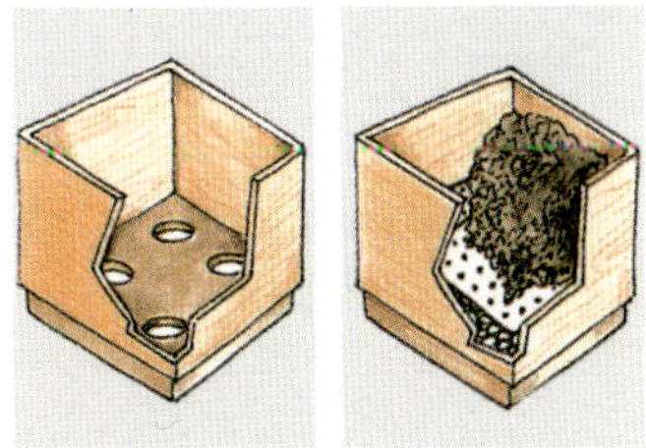

Le drainage des jardinières
Percez des trous pour l'écoulement de l'eau. Mettez du gravier, une toile de drainage remontée le long des parois. Complétez avec la terre.

En pleine terre : assurez-vous bien de la qualité du drainage.

- Ameublissez le sol sur la profondeur d'une bêche.
- Emplissez le fond du trou de plantation avec une poignée de graviers grossiers ou de tessons de poterie.

Important : un bon drainage permet l'écoulement des eaux de pluie, même si l'averse est violente. S'il est insuffisant, l'eau débordera par-dessus le rebord de vos plates-bandes.

LE BON RÉFLEXE

Plutôt que de vous compliquer la tâche, utilisez dans la mesure du possible les substrats que vous proposent les jardineries. Ils sont prêts à l'emploi et s'avèrent à la longue des plus qualitatifs.

Semis ou jeunes plants ?

Votre choix de l'un ou l'autre mode d'obtention dépend de la place dont vous disposez, et aussi du choix que vous ferez entre plantes annuelles, bisannuelles ou vivaces. Les annuelles et bisannuelles se cultivent facilement à partir de semis sur le rebord de la fenêtre. Pour les vivaces, il est préférable d'acheter des jeunes plants.

Les semences

On trouve dans les jardineries un très grand choix de graines de plantes condimentaires. Des petites quantités suffisent pour le balcon, la terrasse ou les petites plantations comme un talus ou un jardin surélevé.

DES GRAINES FRAÎCHES : beaucoup de graines de plantes condimentaires ne germent que si elles sont parfaitement fraîches. Elles doivent donc être semées l'année même de leur récolte. Les bons producteurs de graines impriment la date de péremption sur le sachet. On trouve aussi des graines emballées sous vide, ce qui est une garantie de fraîcheur.

LA GERMINATION : ne perdez pas patience et maintenez le sol humide le temps nécessaire ! Pour cela, vous devez connaître le temps de germination de chaque espèce. À l'intérieur, la plupart des graines germent de deux à quatre fois plus vite qu'en pleine terre (voir tableau ci-contre).

Semis sur la fenêtre

Plus vous semez vos herbes tôt dans l'année, plus vous les cueillerez tôt. Faites vos semis dès février derrière la fenêtre et vous aurez en mai de jeunes plants vigoureux que vous pourrez mettre en terre.

• Tout pour réussir

Toutes les graines germent mieux quand l'air est confiné. Sous le couvercle transparent d'une miniserre ou sous une feuille de plastique, il se forme un microclimat humide et chaud favorable à la germination. Il faut cependant aérer plusieurs fois dans la journée, dès l'apparition des premières feuilles pour éviter la formation de moisissures. On trouve dans le commerce différents appareils et récipients qui vous permettront de fournir à vos graines les conditions idéales de germination.

SERRES D'INTÉRIEUR, MINISERRES : ce sont des contenants en plastique à fond plat avec un couvercle amovible en plastique transparent. Certains modèles plus sophistiqués vous permettent de disposer de plusieurs zones de température différentes.

Des plaques chauffantes ou des résistances installées dans votre miniserre ou sous les pots et terrines de germination maintiennent une température constante dans la terre. C'est important si vous chauffez peu ou pas du tout la nuit.

LES PASTILLES DE TOURBE : présentées compactées, elles gonflent quand on les trempe et contiennent tout ce

TEMPS DE GERMINATION DES PLANTES CONDIMENTAIRES
(en jours)

Plantes	Dedans	Dehors
Basilic	4	7
Bourrache	4	14
Capucine	7	21
Cerfeuil	7	14
Ciboulette	5	14
Cresson	2	4
Estragon	3	8
Livèche	11	21
Marjolaine	3	7
Mélisse	7	28
Menthe	7	28
Origan	10	28
Persil	9	29
Pimprenelle	4	14
Romarin	14	30
Sarriette	5	14
Sauge	5	12
Thym	5	10

Une pièce bien éclairée est l'emplacement idéal pour réaliser les semis précoces de plantes aromatiques, ainsi que les boutures des espèces ligneuses.

dont les graines ont besoin pour leur germination. Disposez-les côte à côte sur le fond d'un bac en plastique ou d'une miniserre. Vous pouvez même faire germer ainsi des herbes sur une assiette, mais il faut maintenir la tourbe humide.

Godets de tourbe pressée : on les utilise pour le repiquage. Vous n'avez plus besoin de dépoter les jeunes plants lors de la mise en place définitive. Les plantes se développent sans difficultés puisque la tourbe pressée devient molle dans le sol humide ou dans la terre du jardin et les racines la traversent facilement.

Organisez votre culture : il existe plusieurs manières simples et pratiques pour créer un climat confiné favorable à la germination :

- Mettez le mélange pour semis dans des pots évasés vers le haut.
- Après avoir semé, placez un bocal un peu plus grand renversé au dessus du pot de terre.
- Semez dans des caissettes à fond plat que vous avez tapissées d'un feuillet plastique et que vous recouvrirez d'une plaque de verre.
- Les graines de grande taille, que vous mettez directement en pots (capucine, bourrache) seront recouvertes d'un sachet pour congélation que vous soutiendrez à l'intérieur avec deux morceaux de fil de fer recourbés. Fixez le sachet au pot.
- Si vous possédez une serre de balcon, vous pouvez aussi semer dans les caissettes de polystyrène expansé servant au conditionnement de divers aliments. C'est un matériau très isolant. Vous placerez une vitre sur le dessus de la caissette.

• Comment semer ?

Semer des aromatiques est très facile, mais suivez bien nos conseils…

Le terreau pour semis doit être aussi pauvre que possible. Les produits du commerce doivent être allégés avec 25 % de sable.

Un bon substrat : mélangez du terreau de tourbe ou de la tourbe pure avec autant de sable. Emplissez vos bacs de semis, terrines ou miniserres avec ce mélange très léger.

- Si vous semez dans des pots, emplissez-les jusqu'au bord.
- N'ajoutez ni engrais ni amendement organique (type Or Brun) dans votre substrat de semis. Les graines disposent des réserves suffisantes pour assurer la germination.
- Tassez la surface du pot ou de la terrine avec une petite batte en bois et utilisez du terreau tamisé fin.

La culture en vase clos
Placez un bocal retourné au-dessus du pot ou fabriquez une cloche avec un plastique tendu sur deux arceaux de fil de fer et fixé autour du pot.

Dispersez les graines : ne semez pas trop serré, sinon vos graines auront du mal à germer et les plantules se gêneront mutuellement. Font exception : le cresson, le cerfeuil et la ciboulette qui doivent au contraire être semés assez serrés.

Lumière ou obscurité : avant de semer les plantes condimentaires, vous devez savoir si elles germent à la lumière ou dans l'obscurité.

- Les graines qui germent à la lumière ne doivent pas être recouvertes de terre. Répartissez-les à la surface du substrat et recouvrez le tout d'une feuille de panier blanc.
- Les graines qui germent dans l'obscurité doivent être enfoncées dans le sol ou recouvertes d'une mince couche de terre d'environ quatre fois l'épaisseur de la graine. Une graine de 1 mm de diamètre sera recouverte par 4 mm de terre.
- En pratique, les graines qui ont besoin d'obscurité pour germer sont généralement les plus grosses.

Maintenir l'humidité : aucune graine ne germe sans eau. C'est l'eau qui suscite la germination et permet à la semence d'activer toutes les substances qui feront d'une graine minuscule une plante de belle taille. Dès que vous avez semé, vous devez donc humidifier le sol avec un vaporisateur (jamais avec l'arrosoir). Le sol doit être maintenu humide jusqu'à ce que les germes pointent à la surface. Ne perdez pas patience, car si vous laissez le sol se dessécher, le germe meurt.

Éclaircir : dès que vous pouvez saisir les plantules entre deux doigts, enlevez-en suffisamment pour que chaque végétal soit bien isolé. Ce n'est pas nécessaire si vous avez semé suffisamment clair. Ôtez aussi le couvercle car les plantules ont maintenant besoin d'air frais pour se développer. Mais elles ne supportent absolument pas les courants d'air (attention aux fenêtres qui restent entrebâillées). Si vos jeunes plantules restent trop longtemps en vase clos, elles vont s'étioler. Continuez à arroser régulièrement les jeunes plantes, mais ne les noyez pas ; elles sont encore très fragiles.

Principes pour les semis

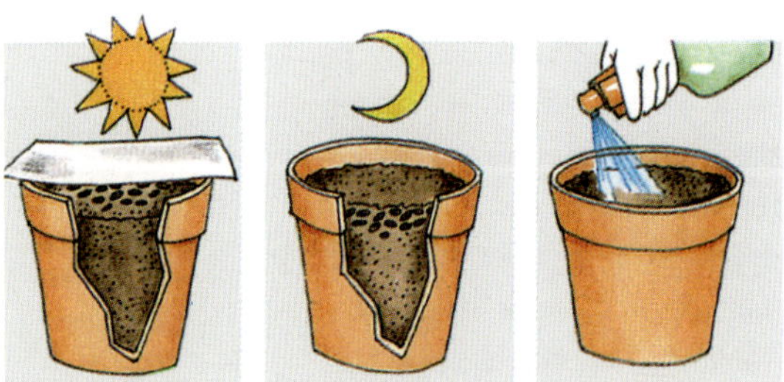

Si les graines germent à la lumière, enfoncez-les très légèrement dans le sol, puis recouvrez-les d'une feuille de papier. Dans le cas contraire, recouvrez-les d'une couche de terre 4 fois plus épaisse que la graine. Vaporisez pour maintenir l'humidité constante jusqu'à la germination.

Le repiquage

Quand les plantules ont atteint 5 à 7 cm, repiquez-les (illustrations page 23 en haut). Replantez-les dans des godets de repiquage en tourbe pressée ou dans des petits pots. Suivant l'espèce, on les repique une à une ou en touffe (voir indications pages 38 à 60).

• Comment repiquer ?

La terre des jeunes plants ne doit pas être trop riche, un mélange de terreau de tourbe avec un peu de sable et de compost convient parfaitement :

- Avec un bâtonnet, retirez avec soin la plantule du sol.
- Plantez le bâtonnet dans le nouveau substrat, tournez un peu, insérez la plante qui va venir se loger dans le trou ainsi formé.
- Arrosez doucement pour que la terre entre bien en contact avec les racines (utilisez un vaporisateur).
- Après quelques jours, installez les plantes dans un endroit un peu plus frais mais sans courant d'air pour qu'elles s'endurcissent peu à peu.
- Dès qu'il fait assez doux, vous pouvez placer vos plantes repiquées sur le balcon, mais surtout pas en plein soleil elles grilleraient dans l'heure !

Éclaircir et repiquer

Éclaircissez les plantules de façon qu'elles ne se gênent plus. Quand elles atteignent 5 ou 7 cm, repiquez-les en godets de tourbe avec un bâtonnet. Vous mettrez en place la plante avec son godet : celui-ci se décomposera peu à peu dans le sol.

Vers la mi-mai (si vous avez semé fin février), les jeunes plantes peuvent être mises en place dans des pots plus grands (en respectant le sol qui convient à chaque espèce).

• Mise en place à l'extérieur

Pour la plupart des plantes, il faut attendre la fin des gelées nocturnes, c'est-à-dire après la mi-mai. Les jeunes plantes sont très sensibles au froid, même les espèces ordinairement rustiques. Si vous avez élevé vos plantules en godets de tourbe pressée, plantez-les dans vos pots ou jardinières à l'extérieur sans les extraire des godets. Par contre, si vos plantules sont en godets de terre ou de plastique, il faut les dépoter avec leur motte pour les transplanter.

Dans les nouveaux pots : le collet de la plante doit se trouver au même niveau, l'idéal étant à la surface du sol, que dans les godets. Arrosez pour que la terre de la motte se mêle bien à celle du nouveau pot.

PATRICK MIOULANE
▸▸▸▸▸ *vous conseille*

Les escargots raffolent des semis de plantes condimentaires. Recouvrez-les d'un paillis léger, au travers duquel les plantules pourront pousser, mais qui gênera la progression des escargots. Répartissez autour de votre culture des granulés de produits anti-limace, seuls garants d'une réelle efficacité.

Semis en pleine terre

Avant de semer, ôtez toutes les mauvaises herbes et les cailloux et émiettez les mottes les plus grosses. Les graines de plantes condimentaires sont petites, elles ont besoin d'une terre fine.

• La technique en détails

Il faut attendre que le sol se soit réchauffé, vers la mi-mai.

Les semis précoces : vous pouvez semer avant la mi-mai si vous recouvrez le sol de votre plate-bande d'un film de forçage, sous lequel la terre se réchauffera rapidement. Laissez le plastique en place jusqu'à ce que les gelées nocturnes ne soient plus à craindre. Grâce aux entailles, le plastique restera souple et ne gênera pas la croissance de la plante.

Répartition des graines : on procède comme pour les semis en terrine. Vous avez avantage à ne pas semer en lignes, mais plutôt à la volée ou le long d'une plate-bande de fleurs. Pensez à respecter les conditions de germination des graines (lumière ou obscurité) et ne semez pas trop serré pour ne pas avoir besoin d'éclaircir.

LE BON RÉFLEXE

Si vous semez à la fin de l'été, (période recommandée pour le persil), vous pouvez installer quelques-unes des plantules éclaircies dans un pot que vous rentrerez dans la cuisine l'hiver. Ceci est aussi valable pour l'estragon qui ne se multiplie malheureusement pas par semis.

Bien choisir le jeune plant
Ceux qui présentent un port trapu (à gauche) pousseront mieux que ceux qui portent de longues pousses peu ramifiées (à droite).

Repiquage d'un jeune plant d'aromatique dans un port à oreilles.

L'emploi de jeunes plants

Si vous ne désirez qu'un ou deux pieds d'aromatiques, achetez plutôt des jeunes plants, surtout s'il s'agit d'une espèce vivace. Si vous envisagez de semer du romarin, il vous faudra attendre plusieurs années avant de pouvoir en récolter.

• Conseils avant d'acheter

Préférez une plante de taille moyenne, pour une cueillette quasi immédiate. Les jeunes plants sont en général bon marché.

- Achetez plutôt dans une jardinerie au rayon des plants de légumes.
- On trouve des offres intéressantes sur les marchés au printemps.
- Les catalogues de vente par correspondance vous proposent aussi des jeunes plants d'herbes aromatiques.

CHOISISSEZ DES JEUNES PLANTS SAINS : ils sont trapus et buissonnants, avec une motte bien enracinée. Les plantes vivaces doivent être bien ramifiées.

ENDURCISSEZ LES JEUNES PLANTS : cultivés en serre jusqu'au moment de l'achat, ils ont bénéficié d'un climat constant chaud et humide, sans ensoleillement direct. Vous ne devez pas les mettre en place immédiatement. Si vous les exposez sans précaution aux différences de température entre la nuit et le jour et au plein soleil, ils vont avoir un choc qui arrêtera leur croissance. Le soleil risque de brûler le feuillage. Aussi est-il important de les placer d'abord dans un endroit semi-ombragé et protégé, où les plantes ne sont exposées aux rayons du soleil que le matin ou le soir. Par la suite, vous pourrez les mettre en place définitivement.

• Cultivez les jeunes plants

Ils sont vendus dans des très petits pots, la transplantation est urgente.

EN POTS ET BACS : sur une couche de drainage, déposez un peu de terreau de sorte que la motte de la plante affleure le rebord du pot, puis complétez avec le terreau de rempotage.

EN PLEIN AIR : replantez chaque pied de sorte que le collet affleure la surface du sol. Tassez la terre autour de la plante et arrosez copieusement. respectez un bon espacement.

• Arrosez les jeunes plants

L'arrosage est très important au cours des trois semaines qui suivent la transplantation. Les racines du jeune plant doivent être bien en contact avec la nouvelle terre afin de s'y enfoncer pour développer un nouveau système radiculaire.

Toutes les plantes condimentaires, même celles qui poussent ordinairement en terrain sec, ont besoin d'apports d'eau réguliers. Lorsqu'elles seront bien enracinées, ce dont vous vous apercevrez avec la formation de nouvelles pousses, vous pourrez espacer les arrosages.

Une culture facile

Presque toutes les plantes condimentaires viennent du sud. Avec le soleil et la chaleur, elles fabriquent les substances et l'arôme qui nous les rendent précieuses. Avec quelques soins courants, vos plantes condimentaires vont se développer sans poser de problème.

Le climat favorable

Sur un balcon, une terrasse ou dans un petit jardin citadin, le climat n'est pas toujours identique à celui de la région. Les conditions de chaleur, d'ensoleillement et les vents forment un microclimat. Sur un balcon exposé au sud, ce microclimat peut être presque méditerranéen, même si vous habitez le nord du pays ou une région montagneuse.

La lumière : au printemps et à l'automne, quand l'incidence des rayons du soleil est basse, le soleil pénètre plus loin sur votre balcon, votre terrasse ou dans la cour, qu'en plein été. Mais la durée d'ensoleillement est plus courte. En plein été, quand le soleil est au zénith, il n'atteint plus les coins reculés, mais l'ensoleillement dure beaucoup plus longtemps. Au printemps et en automne, quand le soleil est bas, les arbres et les immeubles voisins font davantage d'ombre qu'en plein été. Pensez à tous ces éléments quand vous choisissez l'emplacement de vos plantes condimentaires.

La température : elle dépend bien entendu du climat et de la saison. Mais elle est toujours plus élevée de quelques degrés dans les emplacements abrités du vent. En ville, du fait de la calotte que forment les gaz d'échappement et la pollution, il fait nettement plus chaud qu'en rase campagne. Les murs et les pierres emmagasinent la chaleur et la restituent au cours de la nuit.

Le vent : évitez absolument les endroits éventés pour vos plantes condimentaires. Le vent refroidit considérablement l'air et le sol et assèche rapidement la terre.

La pollution : elle ne gêne pas la plupart des herbes aromatiques. Mais ces plantes étant destinées à l'alimentation, il faut les protéger de l'air trop pollué. Évitez de les planter au ras du sol, près d'une route très passante ou à proximité d'un garage.

• Améliorez le microclimat

Il est possible de transformer un endroit peu favorable en paradis pour vos plantes condimentaires…

Augmentez la chaleur : la plupart des espèces ont besoin de quelques degrés supplémentaires pour développer leur arôme.

- La température est plus élevée le long d'un mur blanc, sur des pierres qui emmagasinent la chaleur, sur des dalles sombres ou un sol en béton.
- L'eau chaude fournit le soir et la nuit un rayonnement chaud. Peignez en noir l'intérieur d'une bassine de métal et emplissez-la d'eau. Placez ensuite vos plantes condimentaires tout autour, au niveau de la surface de l'eau.
- Le verre capte beaucoup de chaleur. Si vous ne disposez pas d'une serre de balcon, placez une vitre verticalement devant vos plantes aromatiques exposées au sud. Lorsqu'il fait chaud, enlevez la vitre car la température sera sinon trop élevée.
- Un film plastique a les mêmes propriétés qu'une vitre. Tendez un plastique transparent sur un cadre, et placez-le au-dessus de vos plantes.

Augmentez la lumière : elle est aussi importante que la chaleur.

- Ne placez pas vos plantes condimentaires le long d'une rambarde pleine, il y fait trop sombre.
- Pour qu'elles reçoivent le maximum de lumière dans la journée, placez les pots en hauteur.
- Un mur blanc réfléchit la lumière.

🌿 Les murs en bois ou en briques absorbent beaucoup de lumière. Une planche laquée blanc ou une feuille d'aluminium tendue sur un cadre la réverbèrent beaucoup mieux *(dessins page 26)*. Ôtez ce dispositif lorsque le soleil donne directement, sinon vos plantes risquent de griller.

PROTÉGEZ DU VENT : les plantes condimentaires supportent mal le vent.

🌿 Une vitre incassable placée verticalement face aux vents dominants est une protection efficace sur le balcon. Collez sur cette plaque transparente des silhouettes décoratives pour empêcher que des oiseaux viennent la heurter et ne se blessent.

🌿 Un grillage sur lequel vous faites grimper des plantes est une bonne protection contre le vent et les intempéries. Accrochez-y les légumes grimpants qui accompagneront vos herbes aromatiques : haricots, tomates cerises, concombres, courges.

L'OMBRE : elle est parfois insuffisante.

🌿 Si certains endroits du balcon restent à l'ombre plusieurs heures, vous y placerez les plantes qui ne supportent pas le plein soleil.

🌿 Protégez les jeunes plants qui craignent le plein soleil en plaçant des cônes de carton sur des bâtons *(dessins page 26)* ou bien une planche posée verticalement.

LA FRAÎCHEUR : nécessaire, elle est surtout fournie par l'ombre.

🌿 Les jours de grande chaleur, installez les potées sous un parasol.

🌿 Un mur exposé plein sud dégage trop de chaleur : habillez-le de plantes grimpantes décoratives.

🌿 Arrosez le matin et le soir. L'eau rafraîchit le sol et l'humidité qui s'évapore est une source de fraîcheur.

L'arrosage

Comme toutes les autres cultures, les plantes condimentaires, même les espèces méditerranéennes ont besoin d'apports d'eau complémentaires. Ayez la main légère au jardin si l'été est humide, car il est vrai que les herbes aromatiques n'ont pas de grands besoins en eau. Mais en pots ou en jardinières, toutes les plantes doivent être arrosées régulièrement.

EN APPARTEMENT : ne laissez jamais le sol se dessécher. L'air est très sec et la plante n'a donc aucune possibilité de puiser par ses feuilles l'eau nécessaire dans l'atmosphère.

🌿 Vérifiez tous les jours l'humidité de la terre (mais ne détrempez pas).

SUR LE BALCON OU LA TERRASSE : il faut arroser les plantes régulièrement, mais pas trop copieusement.

PATRICK MIOULANE

▸▸▸▸▸ *vous conseille*

Si vous avez oublié d'arroser et que le sol est complètement sec, l'eau va ruisseler en surface, sans pouvoir pénétrer jusqu'aux racines. Immergez le pot tout entier pendant un bon quart d'heure, puis laissez ressuyer.

🌿 L'eau ne doit jamais stagner dans les cache-pots ou les soucoupes.

🌿 Quand il fait très chaud, arrosez le matin ou le soir, jamais en plein soleil.

🌿 Quand il fait frais et sec, limitez l'arrosage à une fois par semaine.

🌿 Les sujets âgés et lignifiés ne doivent jamais manquer d'eau, même s'ils sont en théorie très résistants. Si vous les laissez se dessécher totalement, même un arrosage abondant ne pourra pas les sauver.

🌿 Les plantes à feuilles molles telles que basilic, bourrache ou pimprenelle s'étiolent très vite quand elles manquent d'eau, mais elles retrouvent leur vigueur après un arrosage.

DANS LE JARDIN : arrosez si la sécheresse dure plusieurs jours. D'autres éléments vous permettront aussi de décider s'il faut ou non arroser :

🌿 Arrosez plus si les herbes aromatiques sont plantées dans un sol pauvre et très perméable.

🌿 Idem si les plantes sont serrées, car la masse de leur feuillage produit une évaporation très importante.

• Arrosez en hiver

Les plantes condimentaires vivaces restent dehors l'hiver. Si le climat n'est pas trop rigoureux, arrosez les bacs et jardinières avec parcimonie (tous les 15/20 jours). La plupart des plantes en pots ne meurent pas de froid mais de sécheresse. Les herbes qui poussent en pleine terre n'ont pas besoin d'arrosage durant l'hiver.

Ne laissez pas le sol des jardinières de condimentaires se dessécher.

• L'eau d'arrosage

L'eau de pluie est meilleure que celle du robinet, souvent très calcaire et trop froide. Si vous ne pouvez pas en collecter, laissez au moins l'eau du robinet reposer 24 h avant d'arroser, afin qu'elle se réchauffe.

La fertilisation

Soyez modéré avec les engrais. Il suffit souvent d'ajouter du compost au terreau. Dans le jardin, utilisez plutôt des engrais organiques qui agissent lentement et enrichissent le sol de micro-organismes facteurs de fertilité. En revanche, dans les bacs et les jardinières, utilisez des engrais minéraux dont l'action est plus rapide.

• Les engrais minéraux

Ils sont souvent trop riches en azote pour les plantes condimentaires et stimulent la croissance au détriment du goût. Beaucoup d'herbes aromatiques prennent un port avachi et se montrent plus sensibles aux maladies si vous leur fournissez trop d'azote.

Exception : un laurier de grande taille doit recevoir environ 5 g d'engrais minéraux par mois.

• Les engrais organiques

Les engrais organiques sont des produits d'origine animale ou végétale, donc biologiques. Ils se décomposent lentement dans le sol, réduisant les risques de brûlure.

La poudre d'os : riche en azote, elle est très utile pour les plantes qui préfèrent un sol pauvre. Une cuillerée à café par litre de substrat est suffisante.

Le sang séché : c'est un engrais organique stimulant, essentiellement azoté. Comptez deux cuillerées à café par litre de substrat.

Les engrais du commerce : ils offrent l'avantage de présenter des formulations complètes N (azote), P (phosphore) et K (potassium). Un engrais spécifique pour les plantes aromatiques doit offrir une faible teneur en éléments azotés. Les produits d'origine organique contiennent en outre des micro-organismes qui contribuent à la fertilité du sol. Mais cette activité biologique a bien du mal à être effective dans les pots.

Nourrir les plantes : les apports d'engrais sont nécessaires pour les jeunes sujets qui ont du mal à pousser, ou pour les espèces à croissance rapide qui montrent de plus grands besoins en éléments nutritifs.

En pots et jardinières : la fertilisation est indispensable d'avril à fin septembre. L'idéal consiste à diluer un bouchon d'engrais liquide dans un arrosoir de 10 l et d'arroser systématiquement vos aromatiques avec cette solution peu concentrée.

Dans le jardin : si un bon apport de compost ou d'Or brun a été réalisé au moment de la plantation, une fertilisation complémentaire est inutile.

• Autres apports utiles

L'argile en poudre : ce n'est pas un engrais, mais un amendement qui contribue à l'équilibre physique du sol. Ses grains microscopiques emmagasinent l'eau et les éléments nutritifs. Ajoutez de l'argile en poudre à raison de deux cuillerées à café par litre dans les mélanges très sableux pour qu'ils sèchent moins vite.

La chaux : elle est indispensable pour certaines espèces comme la marjolaine ou la sauge, et pour équilibrer le pH des terreaux trop acides. Les algues calcaires comme le lithothamne, proposées en poudre, sont parfaites car il n'y a pas de risque de brûlure des racines. Mélangez au sol avant la plantation, à raison d'une cuillerée à café par litre.

Augmentez la luminosité
Avec une feuille d'aluminium qui réverbère bien la lumière. Collez-la sur de l'aggloméré pour plus de rigidité.

• Fabriquez votre engrais

Vous pouvez produire vous-même de bons engrais biologiques.

Le compost : même s'il s'agit surtout d'un amendement dans la mesure où il joue un rôle sur la structure du sol, il apporte des éléments de fertilité non négligeables *(voir page 17)*.

Le purin d'orties : riche en oligo-éléments et en azote, apportez-le au printemps et en juillet.

- Emplissez un seau d'orties fraîches hachées et recouvrez d'eau.
- Laissez le seau au soleil deux semaines en remuant régulièrement.
- Filtrez sous une grille fine.
- Ajoutez à l'eau d'arrosage, à raison de un volume de purin d'orties pour neuf à dix volumes d'eau.

L'infusion de consoude : elle se prépare comme le purin d'orties. La plante se trouve, en été, au bord des chemins et dans les prairies humides.

Le fumier animal : il faut le proscrire absolument à l'état frais et utiliser de préférence les composts de fumier et d'algues du commerce.

LE BON RÉFLEXE

Vous pouvez fabriquer le purin d'orties à partir d'orties séchées que l'on trouve en boîte dans le commerce : ajoutez 200 g d'orties séchées à 10 l d'eau.

La taille de rajeunissement

Beaucoup de plantes condimentaires ont besoin d'une taille *(illustrations page 27, en bas)* en cours de végétation. Thym, sauge, romarin, laurier doivent être retaillés au début de l'automne, sinon la plante ne produira que de maigres pousses au printemps suivant et se dégarnira.

La technique : raccourcissez toutes les tiges de façon à former un buisson trapu. Avant l'hiver, rabattez au ras du sol la livèche, l'origan, la mélisse, la citronnelle, la menthe poivrée et l'estragon. Vous pouvez conserver les tiges séchées pour l'hiver.

Maladies et ravageurs

D'une manière générale, les plantes aromatiques sont assez résistantes. Dans le jardin, vous aurez peu de problèmes. En bacs et en pots, vous risquez des attaques de pucerons verts et noirs, d'acariens et de cochenilles.

Important : ne traitez jamais en période de récolte des aromatiques.

• La prévention d'abord

Sur le balcon ou la terrasse, la plantation trop serrée et la circulation insuffisante de l'air favorisent le développement des parasites, des bactéries et des champignons.

Ne plantez pas trop serré, pour que l'air puisse circuler, tout en évitant les courants d'air (qui favorisent la propagation de certains parasites tels que les pucerons noirs).

Les sujets faibles : ils sont plus sensibles aux parasites que les plantes vigoureuses et saines. Un sol trop humide, un excès d'engrais, une croissance trop rapide affaiblissent les plantes. Les cellules végétales ont alors des parois trop minces, que les insectes n'auront pas de mal à percer.

Ombragez les cultures
Un parasol ou des cônes de carton fixés sur des bâtons protègent les jeunes plants du soleil de midi.

Les maladies cryptogamiques : elles se propagent souvent par le sol. Renouvelez chaque année le terreau des bacs.

Les cochenilles à bouclier : elles se développent surtout sur les plantes à feuillage persistant qui sont hivernées à une température trop élevée.

Évitez l'eau qui stagne
Placez un tesson sur le trou d'écoulement. Ne laissez jamais de l'eau dans le cache-pot.

Plantes antagonistes : évitez certaines associations : la livèche gêne la croissance des autres plantes avec ses racines et ses feuilles à grand développement. Les plantes fragilisées résistent moins bien aux maladies et aux parasites. Évitez de cultiver des herbes à proximité de fleurs peu résistantes aux parasites comme les pétunias ; vous ne pourriez les protéger de la contagion.

• Soignez les plantes

Procédez à un contrôle quotidien de vos plantes condimentaires, vous pourrez intervenir plus efficacement.

Mesures de première urgence : coupez les tiges attaquées, détruisez-les ou ôtez les parasites avec un bâtonnet de coton ou à la main. Une douche énergique à l'eau claire contribue aussi à faire reculer les premières attaques d'insectes. Pour une plante de petite taille, plongez-la tête en bas durant 1 à 2 heures dans un seau d'eau pour noyer les ravageurs.

L'infusion de tanaisie : elle est réputée pour éloigner les insectes et prévenir les maladies cryptogamiques.

- Infusez durant 15 min dans 5 l d'eau bouillante, 30 g de tanaisie séchée ou 20 g de tanaisie fraîche (récoltée au bord des chemins dès juillet).
- Filtrez, laissez refroidir et ajoutez trois volumes d'eau. Vaporisez, surtout le dessous des feuilles.

L'infusion d'absinthe : elle présente le même usage et les mêmes propriétés que l'infusion de tanaisie. Mais on la vaporise directement sans la dissoudre dans l'eau.

Important : les infusions de tanaisie et d'absinthe ayant un goût amer, rincez les plantes à l'eau claire deux à trois heures après l'application et avant de les consommer.

• En cas d'urgence

Si vos plantes subissent une attaque importante de parasites, détruisez les espèces annuelles et bisannuelles pour les remplacer par des jeunes plants. Pour les laurier, romarin, thym, lavande ou origan, utilisez des produits de traitement du commerce. Les préparations destinées aux jardiniers amateurs, qui possèdent le label « emploi autorisé dans les jardins » sont les moins toxiques possibles et ne présentent pas de danger si elles sont appliquées en respectant les doses et les conditions d'emploi qui figurent sur chaque emballage.

L'extrait de pyrèthre : c'est un insecticide naturel efficace, mais il présente l'inconvénient de tuer aussi les insectes utiles. Son action présente un effet de choc, surtout sur les pucerons, mais elle ne dure que quelques heures.

• Conseil : utilisez les produits proposés en vaporisateurs prêts à l'emploi ; ils sont très peu concentrés.

PATRICK MIOULANE
▶▶▶▶▶ *vous conseille*

La capucine, aux fleurs très décoratives, attire les pucerons noirs qui ainsi attaquent moins les autres plantes. Utilisez-la !

Taillez pour stimuler la croissance

En automne, il faut rabattre certaines plantes au ras du sol (à gauche). Le thym et la sauge ne seront raccourcis qu'au tiers de leur hauteur (milieu). Pour rajeunir les plantes condimentaires vivaces, on taille les rameaux les plus longs afin que le sujet acquière un port plus buissonnant (à droite).

Récolte et conservation

Même si vous cultivez vos aromatiques sur un très petit espace, vous obtiendrez une cueillette assez abondante à conserver pour l'hiver. Si vous ne voulez pas renoncer à leur saveur à cause de la mauvaise saison, calculez vos besoins au moment du semis. Même si vous ne pouvez conserver que de petites quantités, cela en vaut la peine.

La cueillette

Tant que vos plantes condimentaires sont encore très jeunes, il vaut mieux ne pas y toucher. Attendez qu'elles aient suffisamment de feuilles.

• Technique de base

La cueillette doit se faire avec de grandes précautions, que vous souhaitiez consommer les herbes fraîches ou, à plus forte raison, si vous voulez les conserver pour l'hiver.

Coupez les feuilles et les tiges avec un couteau ou des ciseaux bien affûtés. Ne laissez pas traîner vos herbes, il faut les utiliser immédiatement.

Recommandations : prenez les précautions suivantes :

- Ne taillez jamais à ras toutes les tiges d'une plante à l'exception du basilic, du cresson et du cerfeuil, qui ne vont pas repousser.
- Pour la ciboulette, ne taillez à chaque fois que la moitié de la touffe.
- Pour la sarriette et la marjolaine, taillez à 10 cm du sol ; ils repoussent et se ramifient l'année suivante.
- Pour les herbes de grande taille telles que l'estragon, la bourrache, la livèche ou la menthe, cueillez les feuilles tendres du bout des tiges. De nouvelles pousses vont se former sous le point de coupe, porteuses de nouvelles feuilles tendres.
- Pour les plantes vivaces telles que l'origan, la mélisse ou la menthe, taillez régulièrement certaines tiges à ras du sol. Cela favorise la formation de nouveaux rameaux parfumés.
- Pour le thym, la sauge et le romarin, ne taillez pas plus du tiers de la longueur des tiges, utilisez les jeunes.

• Le meilleur moment

Cueillez juste avant l'utilisation.

Pour la conservation : choisissez le moment où les condimentaires exhalent l'arôme le plus puissant, c'est-à-dire souvent avant la floraison.

Quelques recommandations :

- Marjolaine, thym, sarriette et origan seront cueillis juste avant ou même pendant la floraison.
- Pour conserver l'estragon, la livèche, la menthe, la bourrache, la ciboulette, le persil et la mélisse citronnelle, ne cueillez que les jeunes feuilles les plus tendres.
- Sauge, laurier et romarin se récoltent au début de l'automne.

Le bon moment de la journée : c'est celui où les herbes sont les plus parfumées, c'est-à-dire à midi pour toutes les plantes à saveur balsamique. Pour les plantes à feuillage plus tendre, ce sera plus tôt, après que la rosée du matin est bien ressuyée, mais avant la trop forte chaleur.

La conservation

Il existe plusieurs méthodes avec chacune ses avantages. Mais toutes les herbes ne se conservent pas bien. Certaines perdent leur arôme en séchant ou lors de la congélation.

Préparation : il est nécessaire de prendre certaines précautions :

- Utilisez les parties les plus saines.
- Secouez bien la plante pour faire tomber les insectes et autres petits animaux qui auraient pu s'y nicher.
- Pour les espèces à grandes feuilles, vérifiez la partie inférieure, endroit que les parasites affectionnent.
- Si vos plantes aromatiques sont exposées à la pollution atmosphérique, il faut les laver.

Sur un balcon, vous pouvez réunir une collection complète de plantes aromatiques et réussir à en récolter quasiment toute l'année. Ici, sarriette, thym, bourrache, fenouil et mélisse, s'accordent dans une ambiance très décorative et parfumée.

Laissez sécher à l'air libre dans la cuisine : les aromatiques se conservent un an.

• Le séchage

C'est la méthode de conservation la plus simple et la plus ancienne.

Séchage à l'air libre : formez un bouquet en attachant les tiges avec un élastique, et suspendez-le à l'ombre dans un endroit bien ventilé. Dans la cuisine, l'air est souvent humide et gras, ce qui limite les possibilités d'utilisation de certaines espèces. Lorsque les plantes sont bien sèches, conservez-les dans des bocaux de verre après les avoir réduites en miettes. Si vous séchez des feuilles isolées, disposez-les sur un torchon propre dans un endroit chaud et ombragé.

Dans le four : c'est une méthode efficace si vous n'avez pas d'endroit où faire sécher les plantes à l'air libre. Cette méthode est préférable si vous avez dû laver vos bonnes herbes. Disposez les plantes aromatiques sur une grille couverte d'une feuille d'aluminium et faites-les étuver à 50 °C pendant une bonne heure. La porte du four doit rester entrouverte.

Dans une étuve : c'est la solution la plus simple. Les temps de fonctionnement et les températures sont réglables, le séchage se fait quasi automatiquement. Surveillez que les herbes sèchent juste ce qu'il faut.

Important : les herbes séchées doivent toujours rester vertes. Elles deviennent grises ou brunes si elles ont séché trop longtemps, ou si la température était trop élevée. Elles ont alors perdu une grande part de leur arôme. Veillez à ne sécher que des herbes parfaitement saines.

• Congélation

Il est possible de conserver la plupart des herbes dans le congélateur. Congelez-les par petites quantités, ainsi vous aurez toujours à portée de main ce dont vous avez besoin pour un plat. Vous pouvez aussi congeler des mélanges d'herbes.

Dans le bac à glaçons : c'est le meilleur moyen pour faire des parts égales. Hachez les herbes très menu et congelez-les avec une très petite quantité d'eau. Emballez ensuite ces glaçons d'herbes aromatiques dans des sachets soigneusement étiquetés.

En sachets : c'est la méthode la plus rapide. Placez vos plantes condimentaires, feuilles et tiges, dans un sachet congélation et mettez-les à congeler rapidement. Retirez-les ensuite du congélateur et réduisez-les en miettes à la main, sans les sortir du sachet. Si vous les hachez ainsi lorsqu'elles sont gelées, elles ne risquent pas de se coller et vous pourrez prélever jour après jour les quantités que vous désirez.

Important : pour les utiliser dans les préparations culinaires, ajoutez les herbes encore gelées aux plats chauds. En revanche, il faut les faire dégeler environ 20 minutes avant de les utiliser crues si vous désirez bénéficier de tout leur arôme.

• Conservation dans l'huile ou dans le vinaigre

Quand elles sont plongées dans du vinaigre ou de l'huile, ce ne sont pas les herbes à proprement parler que l'on conserve, mais leur arôme. En effet, ces liquides s'imprègnent rapidement de la fine saveur des plantes condimentaires. Ces préparations assaisonnent les salades et de nombreux autres plats. Vous pouvez disposer une ou plusieurs plantes différentes dans la même bouteille.

Lavez la plante : c'est impératif. Choisissez des rameaux assez décoratifs, car dans ce cas précis, l'aspect est tout aussi important que le goût.

Conservation dans le vinaigre : disposez des herbes avec tiges et feuilles dans une jolie bouteille transparente que vous emplirez de vinaigre de vin ou de cidre.

- Ne choisissez pas un vinaigre trop jeune, sinon il se formera une mère disgracieuse entre les feuilles.
- Placez la bouteille devant une fenêtre bien éclairée. Au bout de deux semaines, le vinaigre aura pris le goût de la plante. Vous pouvez alors la retirer. Si vous la laissez, il faudra sans cesse compléter avec du vinaigre car la partie qui n'est pas immergée prendra rapidement un aspect peu appétissant.

Conservation dans l'huile : hachez un peu les herbes, leur parfum se dégagera bien mieux.

- Glissez votre hachis dans une bouteille sombre et remplissez avec de l'huile d'olive vierge de qualité.
- Laissez reposer à la chaleur pendant au moins quatre semaines. La bonne huile d'olive ne rancit pas. Si vous choisissez un autre type d'huile, consommez rapidement la préparation.

• Salaison

La plupart des plantes condimentaires peuvent se conserver dans le sel, et plus particulièrement la livèche, la cardamome, le cerfeuil et le persil.

- Lavez soigneusement les feuilles et les tiges et hachez grossièrement.
- Dans un bocal foncé ou dans un pot en grès avec couvercle, déposez des couches alternées d'herbes et de sel (une partie de sel pour cinq parties d'herbes).
- Tassez avec le manche d'une cuillère en bois. Ainsi conservées, les condimentaires se gardent deux ans.

Important : ce condiment étant très salé, vous devez en tenir compte dans son utilisation en cuisine.

Cuisiner les aromatiques

- *Boissons rafraîchissantes :* mélisse, menthe poivrée.
- *Carottes :* persil.
- *Charcuterie :* livèche, persil, laurier, ciboulette.
- *Chou :* laurier.
- *Concombre :* bourrache, aneth (feuilles et graines), laurier.
- *Entremets :* fleurs de bourrache, sauge moscatelle, menthe poivrée.
- *Fromage :* aneth, bourrache, cumin, persil, ciboulette.
- *Gibier :* laurier, sauge, thym.
- *Gigot de mouton :* romarin, sauge, thym, menthe poivrée.
- *Infusions :* mélisse, sauge, romarin, menthe poivrée, thym.
- *Œufs :* basilic, bourrache, aneth, cresson, ciboulette, pimprenelle.
- *Pâtes :* basilic, origan, thym, romarin, sauge.
- *Pizza :* origan, thym, sauge.
- *Poisson :* estragon, laurier, sauge.
- *Pommes de terre :* sarriette, marjolaine, sauge, laurier, persil, thym.

Romarin, thym et persil font partie des ingrédients de base d'une cuisine savoureuse.

- *Rôti :* livèche, sauge, thym, laurier, romarin.
- *Salades :* basilic, bourrache, aneth, estragon, cerfeuil, cresson, persil, ciboulette, capucine, pimprenelle.
- *Sauce verte :* cerfeuil, persil, ciboulette, pimprenelle, aneth, bourrache, mélisse.
- *Soupes :* persil, ciboulette, cerfeuil, aneth, origan.
- *Steaks :* persil, cerfeuil, thym.
- *Tomates :* basilic, aneth, persil, ciboulette, marjolaine, origan, pimprenelle.
- *Vinaigrette :* ciboulette, persil, estragon, cerfeuil, basilic.
- *Volaille :* estragon, romarin, sauge, thym.

Propriétés thérapeutiques

Les essences volatiles contenues dans les herbes aromatiques sont le plus souvent digestives. Elles peuvent aussi présenter des propriétés calmantes ou au contraire, toniques.

ATTENTION : des doses élevées ou une utilisation prolongée peuvent entraîner des conséquences plus ou moins néfastes pour votre santé !

- *Aneth :* contre les ballonnements et les maux d'estomac.
- *Basilic :* calmant, antispasmodique de l'estomac et des intestins, diurétique.
- *Bourrache :* réconfortant, fortifiant, calme les rhumatismes.
- *Cerfeuil :* dépuratif.
- *Cresson :* stimulant en fin d'hiver.
- *Estragon :* diurétique, facilite la digestion, tonique léger.
- *Laurier :* facilite la digestion.
- *Livèche :* diurétique, facilite la digestion, efficace contre les ballonnements.
- *Marjolaine :* calmant, antispasmodique, efficace contre les rhumes et les troubles digestifs, aide à digérer les mets trop gras.
- *Mélisse :* calmant.
- *Menthe :* stimulant digestif.
- *Origan :* calmant, efficace contre la toux et les maux de ventre.
- *Persil :* diurétique, réconfortant.
- *Romarin :* active la circulation, fortifiant, tonique musculaire.
- *Sarriette :* facilite la digestion, apaise la toux et réduit l'encombrement des muqueuses gastriques.
- *Sauge :* anti-inflammatoire, efficace en gargarismes.
- *Thym :* contre la toux et les crampes d'estomac, assez stimulant.

Le basilic "African Blue" est très décoratif.

Multiplication et hivernage

Si vous avez réussi votre première production d'herbes aromatiques, vous allez souhaiter poursuivre votre culture l'été suivant. Plusieurs solutions s'offrent à vous : récolter les graines en les laissant se développer sur vos plantes ou faire des boutures. Vous pouvez aussi bien sûr hiverner les plantes vivaces, à l'extérieur ou dans la maison.

Multipliez facile

Voici quelques bonnes raisons pour procéder vous-même à la propagation des plantes condimentaires.

- Les espèces annuelles et bisannuelles doivent être semées chaque année. Quelle fierté de pouvoir semer les graines de vos propres plantes !
- Les plantes vivaces s'affaiblissent en vieillissant, surtout si vous les cultivez en pots. La multiplication va vous permettre de disposer chaque année de nouveaux sujets.

• Récoltez des graines

Dans la partie nord de la France, toutes les plantes condimentaires ne donnent pas des semences fertiles. Les espèces du Sud comme le basilic, la sauge ou le thym n'ont pas le temps de mûrir, la période de végétation est trop courte.

Les graines utilisables : cresson, cerfeuil, persil et bourrache forment des graines qu'il est possible de récolter. Vous mettrez de côté un ou deux pieds dont vous ne cueillerez pas les feuilles pour les laisser fleurir. Chez les plantes annuelles, fleurs et graines se forment dès la première année, la deuxième chez les plantes bisannuelles. Les vivaces fleurissent chaque année, mais il vaut mieux utiliser d'autres modes de multiplication, en particulier le bouturage.

La récolte des graines : n'attendez pas que celles-ci soient trop mûres et sur le point de tomber.

- Coupez les tiges qui portent les graines juste avant leur complète maturité.
- Les capsules séminales ne doivent pas être encore ouvertes, les téguments extérieurs des graines ne doivent pas être encore sombres.
- Suspendez les tiges tête en bas, à l'ombre, au-dessus d'un torchon ou d'une feuille de papier bien propre.
- Lorsque les graines arrivent à maturité, elles tombent d'elles-mêmes.
- Débarrassez soigneusement votre récolte des enveloppes, des feuilles mortes et autres menus débris.

La conservation des graines :

- Veillez à ce que les graines soient bien sèches, sinon elles vont moisir.
- Par précaution, vous pouvez les sécher un peu plus, en les plaçant dans une assiette sur un radiateur, ou en les passant un court moment (pas plus de 10 minutes) dans le four préchauffé à 50 °C.
- Conservez les graines dans un bocal propre et sec, bien fermé, dans un endroit frais et sombre.

Important : vérifiez régulièrement que les graines ne sont pas attaquées par des parasites. Jetez immédiatement les lots contaminés.

> **LE BON RÉFLEXE**
>
> **Préparer ses propres graines est surtout un plaisir. Pour une bonne efficacité, achetez des semences du commerce qui ont l'avantage d'être sélectionnées et sans maladies.**

Récoltez les graines
Suspendez les plantes tête en bas, les graines vont tomber sur le torchon. Conservez-les en sachets dans un bocal fermé hermétiquement.

Multiplication par bouturage
Avec un couteau bien aiguisé, taillez des rameaux de l'année qui ne sont pas encore trop lignifiés. Placez-les dans un pot contenant un mélange de terreau léger et de sable fin.

Bouturage

Sauge, romarin, thym et laurier se reproduisent bien par bouturage.

- Coupez en juillet/août 10 cm des tiges de l'année d'environ avec un greffoir bien aiguisé.
- Veillez à ce que le point de coupe se trouve juste au-dessous du point d'insertion d'une feuille.
- Enlevez les feuilles sur les 2/3 de la longueur de la bouture.

Faites s'enraciner les boutures : placez plusieurs boutures dans un petit pot contenant un mélange de terreau, de tourbe et de sable.

L'enracinement se fera mieux si vous disposez les boutures sur le pourtour du pot, de sorte que la trace de la coupure se trouve en contact avec la paroi. Pour que la bouture profite de l'humidité atmosphérique, puisqu'elle risque de faner car elle ne possède pas encore de racines, glissez un sachet de plastique transparent au-dessus du pot et maintenez-le en forme de cloche avec deux morceaux de fil de fer croisés. Dès que la bouture est enracinée, ce que vous constatez à la formation de nouvelles pousses, ôtez le sachet de plastique.

Autres soins : quand la bouture est bien enracinée, mettez-la en place dans un pot plus grand qui contient une terre plus nutritive. Pincez les extrémités des tiges deux à trois fois pour obliger la plante à se ramifier.

Marcottage

C'est une autre forme de multiplication végétative, que l'on utilise par exemple pour la sauge.

La bonne technique : recourbez une tige lignifiée jusqu'au sol et fixez-la avec une épingle à cheveux, un bout de fil de fer ou un caillou.

Sevrez les marcottes des pieds mères, dès que des racines se sont formées à cet endroit, et replantez les nouveaux sujets dans des pots.

Division des touffes

La livèche, la mélisse citronnelle, l'origan et la ciboulette se multiplient en divisant le pied *(voir illustrations p. 35)*. On procède de préférence à l'automne ou au printemps.

La bonne technique : lorsque le pied a deux ou trois ans, et qu'il forme une motte compacte de racines, vous pouvez l'extraire de la terre après l'avoir bien humidifié.

- Avec un couteau pointu, divisez la motte de racines en deux ou trois parties, en prenant garde de ne pas blesser les racines fines.
- Raccourcissez les tiges et les feuilles de moitié.
- Mettez aussitôt en terre les nouveaux sujets ainsi obtenus : le collet doit se trouver au niveau du sol.
- Au printemps, laissez les pots contenant les nouvelles plantes à l'ombre jusqu'à ce que de nouvelles pousses se forment. Vous pouvez alors les mettre en place.
- En automne, rentrez les jeunes plantes et mettez-les en hivernage devant une fenêtre exposée au nord.

Drageonnage

Cette méthode concerne l'estragon, la menthe et la mélisse citronnelle. Les drageons se forment quand la plante a suffisamment d'espace.

La bonne technique : si vous constatez qu'une nouvelle plante pointe à proximité du pied mère, vous pouvez la couper, en lui laissant ses racines, et la replanter dans un autre pot. Taillez la partie aérienne de la plante pour stimuler l'enracinement.

PATRICK MIOULANE
▶▶▶▶▶ *vous conseille*

Toutes les jeunes plantes étant fragiles, conservez-les en pots le temps qu'elles aient formé une petite touffe ramifiée avant de les mettre en terre. Maintenez-les à l'ombre, à l'abri des courants d'air froids jusqu'à la plantation.

Les condimentaires en hiver

Vous pouvez profiter durant plusieurs années de vos plantes vivaces, à condition de respecter la période de repos hivernal. Si vous rentrez des pots de thym, d'origan, de romarin et de sauge en hiver pour poursuivre la récolte, vous risquez d'être bien déçu. La plante va former des pousses nouvelles du fait de la chaleur ambiante, mais rapidement elle s'étiolera et va dépérir en jaunissant.

• Hivernage en plein air

Origan, persil, mélisse citronnelle, menthe, livèche et estragon passent l'hiver sans difficulté à l'extérieur avec une légère protection contre le gel.

En pleine terre : inutile de les protéger du gel, mais offrez-leur un bon paillis de feuilles mortes.

En pots et jardinières : le danger principal, c'est la sécheresse, surtout si la motte est gelée.

- Placez les pots avec les plantes que vous voulez faire hiverner dans un endroit abrité et enveloppez-les de papier journal.
- Sur un balcon ou une terrasse, offrez-leur une protection de feuillage ou d'aiguilles de pin. Arrosez seulement quand il ne gèle pas.

• Hivernage dans la maison

Tout comme les géraniums, laurier, romarin, sauge et thym ont besoin de repos hivernal. Vous pouvez les laisser à l'extérieur tant que la température ne descend pas en dessous de -5 °C. Ne les mettez jamais dans une cave obscure, car elles ont besoin de lumière. Cependant, la température ambiante ne doit pas dépasser 15 °C.

- Pendant l'hivernage, n'arrosez que très peu. Le sol ne doit pas sécher complètement.
- Dès que la température extérieure s'élève au-dessus de 5 °C (dès mars-avril), sortez les plantes.

• Conseils pour l'hivernage

Il est possible d'hiverner dans l'obscurité toutes les plantes vivaces rabattues au ras du sol : livèche, estragon, origan, mélisse, menthe. Si vous n'avez pas d'endroit abrité pour les hiverner à l'extérieur, placez les pots jusqu'en février dans un endroit frais. Ne les arrosez pas.

Dès la mi-février : vous placerez vos plantes condimentaires dans un endroit clair et plus chaud et vous les arroserez régulièrement mais sans excès. Elles vont rapidement former de nouvelles pousses.

- Hivernez dans un endroit clair tous les jeunes plants issus de boutures ou de divisions de touffes. Soignez-les comme des plantes d'intérieur, avec arrosage et vaporisation. Mais résistez à la tentation de les cueillir.

• La récolte d'hiver

Pour prolonger la disponibilité de plantes condimentaires fraîches, il faut mettre sous abri dans une pièce fraîche et claire des pots préparés spécialement durant l'été.

Empotez en automne le persil et la ciboulette du jardin, ainsi que la sarriette, le basilic et la marjolaine. Placez-les près d'une fenêtre dans une pièce où la température ne dépasse pas 15 °C le jour et descend à 10 °C durant la nuit. Mais ne soyez pas déçu de ne pas retrouver l'arôme qu'elles avaient en plein air.

- Cresson et cerfeuil se sèment directement en pots à l'intérieur.

Multiplication par division des touffes

Beaucoup se multiplient ainsi (par exemple la ciboulette). On taille une partie des feuilles puis on partage la motte.

Le basilic "Dark Opal", plante frileuse.

Les plantes condimentaires d'utilisation courante

Vous trouverez dans les pages suivantes des indications précises et détaillées pour faire pousser et bien soigner les plantes condimentaires les plus communément cultivées, ainsi que des précisions sur leur saveur et leurs diverses utilisations en cuisine.

Nous avons effectué une sélection sévère de vingt espèces qui conviennent bien à un jardinier débutant et à une culture en pot. Certaines plantes courantes comme la menthe verte ne figurent pas. Nous lui avons préféré la menthe poivrée, à la saveur plus subtile, mais la culture des deux espèces est identique.

- Vous ne trouverez pas non plus ici des plantes connues, mais exotiques comme la cardamome ou la citronnelle qu'il n'est pas possible de cultiver dans la grande majorité des régions d'Europe.
- La coriandre est aussi absente, mais elle peut se cultiver comme le persil, avec un peu plus de chaleur.
- Carvi, cumin et fenugrec seront réussis dans des conditions de culture similaires à celles de l'aneth.
- La ciboule se cultive comme la ciboulette, mais elle est d'une saveur nettement moins fine.
- L'angélique est une plante de trop grande taille pour réussir en pot, elle convient bien au jardin au sol argileux.
- Le serpolet est une forme de thym sauvage qui se cultive dans les mêmes conditions.
- Le safran est un crocus à floraison automnale *(Crocus sativus)*, mais dont la production est trop onéreuse pour être utilisée autrement qu'à des fins ornementales par un amateur.

Les différentes rubriques

Dans les pages suivantes, vous trouverez en premier le nom commun français de la plante, puis son nom scientifique (genre et espèce).

- Un encadré fait figure de véritable « carte d'identité » du végétal.
- La rubrique « aspect » décrit les caractères principaux de chaque plante.
- À chaque saveur correspondent des utilisations culinaires particulières.
- La rubrique « culture » vous dévoile les méthodes de multiplication.
- Ne sont bien sûr pas oubliés l'importance du sol, le mélange de terre qui convient pour chaque plante. L'emplacement est mentionné : balcon, rebord de fenêtre ou jardin.
- Vous découvrirez également tout ce qu'il faut savoir sur les besoins en température et en éclairement, comment doser l'arrosage et fertiliser.
- La cueillette doit se faire au moment qui est précisé.
- Pour la multiplication, l'hivernage et la conservation, nous vous proposons les méthodes les plus appropriées.

PATRICK MIOULANE
▶▶▶▶▶ *vous conseille*

La lavande n'a pas les honneurs des pages suivantes, bien qu'elle figure le plus souvent dans les jardineries au rayon des plantes aromatiques. Nous avons estimé, que, hormis les possibilités d'aromatiser certains desserts, en particulier des glaces, et de parfumer des salades, la lavande devait être surtout considérée comme une plante ornementale. Vous pouvez toutefois la cultiver aisément en pot ou dans un massif en compagnie des plantes aromatiques qui aiment les sols secs (thym, romarin notamment).

Un superbe jardin de plantes aromatiques et condimentaires (Hampton Court, Angleterre).

Anethum graveolens

Aneth

Cette grande et belle ombellifère annuelle peut être confondue avec le fenouil, d'autant qu'elle laisse aussi percevoir une odeur anisée. Mais elle est plus opulente et surtout beaucoup plus rustique. On consomme ses graines au goût original, assez prononcé.

Famille : Apiaceae (Ombellifères).
Origine : Iran, Inde, Europe du Sud.
Feuillage : fin, linéaire, très découpé.
Floraison : de juin à août en grandes ombelles plates de fleurs jaunes.
Hauteur : de 60 cm à 1 m.
Rusticité au jardin : les graines se ressèment assez bien naturellement.
Sol : léger, assez frais en été.
Exposition : chaude, en plein soleil.
Parfum : assez soutenu, anisé.
Culture en pot : peu conseillée.

Aspect

De hautes tiges, qui peuvent atteindre 1 m, portent de nombreuses feuilles très étroites, assez ramifiées.

Saveur

Les feuilles ont un goût frais et très agréable. Les graines rappellent celles du carvi, un peu plus amères.

Utilisation

Les feuilles dans les salades vertes, salades de concombre ou de pommes de terre, les sauces, mayonnaises et plats de poisson. Ne pas les cuire. Les graines vous serviront à assaisonner les cornichons, ainsi que tout ce qui se conserve dans le vinaigre.

Culture

Annuelle. Les graines germent à l'obscurité. Semez en pleine terre à partir d'avril, ne laissez pas le sol sécher.
Ne repiquez que les plantules très jeunes (racine en pivot).
L'aneth est capricieux, il ne lève pas toujours (comptez 12/15 jours).

Sol

Deux parties de compost, une partie de terre de jardin, une partie de sable.

Emplacement

En pleine terre de préférence ou dans des grands pots ou des jardinières profondes d'au moins 40 cm sur le balcon et la terrasse. Placez l'aneth à l'abri des courants d'air.

Éclairement

La tête en plein soleil, les pieds à l'ombre. Installez l'aneth avec d'autres plantes assez grandes afin qu'il ne verse pas sous l'effet du vent.

Arrosage

Le sol ne doit jamais se dessécher, mais évitez absolument l'eau qui stagne. Fertilisation inutile.

Les graines d'aneth sont idéales pour les poissons marinés (saumon).

Récolte

Prélevez les feuilles tendres. Utilisez les plantules éclaircies pour la cuisine. Récoltez les graines à partir d'août/septembre.

PATRICK MIOULANE
▶▶▶▶▶ *vous conseille*

Semez l'aneth au milieu de toutes vos plantes aromatiques, vous aurez ainsi davantage de chances de le voir lever. Enterrez les graines d'un demi centimètre, tassez bien et maintenez le sol humide en permanence. C'est un capricieux, comme le dit le dicton : « l'aneth n'en fait qu'à sa tête » !

Ocimum basilicum

Basilic

Annuelle frileuse dont il existe de très nombreuses variétés, le basilic réussit sous tous les climats très ensoleillés. Son nom qui étymologiquement signifie « roi », évoque tout le respect que, depuis le Moyen Âge, les jardiniers portent à cette plante bienfaisante.

Famille : Lamiaceae (Labiées).
Origine : Inde, Iran
Feuillage : ovale, arrondi, gaufré.
Floraison : de juin à septembre, minuscules, crème, avec les feuilles.
Hauteur : de 20 à 40 cm.
Rusticité au jardin : c'est une plante annuelle frileuse (10 °C minimum).
Sol : souple, humifère, frais, drainé.
Exposition : chaude et ensoleillée.
Parfum : subtil, puissant, anisé.
Culture en pot : très recommandée.

Aspect

Une touffe compacte de petites feuilles ovales un peu incurvées sur des tiges anguleuses, vert émeraude ou brun rouge (décoratif). Préférez les espèces à petites feuilles comme "Fin vert nain" pour la fenêtre ou le balcon, elles sont plus compactes et très parfumées. Pour la pleine terre, les variétés à grandes feuilles comme "Grand Vert" sont plus rustiques.

Saveur

À la fois douce et poivrée, très balsamique, parfois citronnée ou anisée. Elle domine et même atténue celle des autres herbes aromatiques.

Utilisation

Les feuilles, crues, avec salades, tomates, œufs, pistou, les plats méditerranéens, le poisson, le fromage, le curry. Ne pas cuire ou blanchir.

Culture

Plante annuelle. Le basilic germe en pleine lumière, ne pas couvrir les graines. Quand les jeunes pousses atteignent 10 cm, repiquez en groupes dans des pots ou des jardinières.

Sol

Deux parties de terreau pour fleurs ou de terreau de tourbe, une partie de sable, une partie de compost.

Emplacement

En pots et jardinières sur le balcon ou la terrasse et à la fenêtre. En pleine terre seulement en plein été.

Éclairement

Plein soleil, même assez intense.

Température

Les graines germent quand la température nocturne dépasse 10°C. Si l'été est frais, vous devrez cultiver le basilic dans un endroit ensoleillé.

Arrosage

Ne laissez pas sécher la motte. Arrosez tous les jours s'il fait très chaud.

Récolte

Coupez les jeunes feuilles et le sommet des pousses, ainsi la plante va se ramifier. Cueillette tout l'été.

Le basilic pousse très bien en pot.

Conservation

Dans le vinaigre, dans l'huile ou par congélation (haché grossièrement).

PATRICK MIOULANE ▶▶▶▶▶ *vous conseille*

Un pot de basilic placé sur le bord de la fenêtre éloigne les mouches. Une tasse de décoction de 30 g de feuilles dans un litre d'eau fait digérer un repas trop copieux. Frottez une feuille fraîche sur le front en cas de forte migraine.

Borago officinalis

Bourrache

Plante annuelle buissonnante très élégante et rustique, la bourrache se propage naturellement dans le jardin. Ses fleurs bleues, translucides, sont de toute beauté lorsqu'elles sont éclairées en contre-jour. C'est une plante aux vertus rafraîchissantes.

Famille : Boraginaceae
Origine : Afrique du Nord, Europe.
Feuillage : alterne, velu, ovale pointu.
Floraison : de juin à septembre, des étoiles bleu vif, parfois blanches.
Hauteur : de 30 à 60 cm.
Rusticité au jardin : excellente, la plante se ressème toute seule.
Sol : rocailleux, calcaire, assez pauvre.
Exposition : plein soleil non brûlant.
Parfum : herbacé, concombre.
Culture en pot : assez facile.

Aspect

Des tiges velues portent de grandes feuilles vert clair, aux poils raides peu agréables. Les fleurs d'un bleu lumineux sont portées à l'extrémité des tiges. Plante décorative, appréciée des abeilles et des bourdons.

Utilisation

Les feuilles tendres assaisonnent salades, œufs, fromage, fromage blanc, cornichons. Les fleurs en décoration sont comestibles dans les salades. Ne pas cuire, infusion possible.

Culture

Annuelle. Les graines germent à l'obscurité. Semez en pleine terre, en place, à partir d'avril, en pot dès mars. Il est facile de bien répartir les graines qui sont grosses. Les plantules se repiquent difficilement (racine à pivot). Ne disposez qu'une ou deux graines par pot, espacez de 40 cm en pleine terre. Si la bourrache est plantée trop serré, elle est rapidement attaquée par le blanc ou les pucerons.

Sol

Une partie de terreau de tourbe ou de terre de jardin, une partie de compost.

Emplacement

Dans des pots de grande taille et des jardinières profondes sur le balcon ou la terrasse, au pied de plantes sur tige, en pleine terre.

Éclairement

Plein soleil, même au vent.

Arrosage

Régulier, mais sans excès. En pot, il peut être quotidien lorsqu'il fait très chaud (plus de 28 °C).

Récolte

Attendez que les tiges soient assez vigoureuses, sinon la plante risque de s'étioler. Ce sont les feuilles tendres, au sommet et à l'aisselle des tiges, qui sont les plus parfumées.

La fleur de bourrache est mellifère.

Conservation

Par congélation, mais la plante perd de son (faible) arôme. On peut conserver les fleurs dans du sucre.

PATRICK MIOULANE

▶▶▶▶▶ *vous conseille*

Appliquez une feuille de bourrache sur une coupure et elle se cicatrisera très rapidement. Composez une agréable boisson d'été en ajoutant trois feuilles et cinq fleurs de bourrache, dans un litre d'eau avec le jus de deux citrons et trois ou quatre cuillerées à soupe de miel selon votre goût.

Tropaeolum majus, Tropaeolum nanum

Capucine

Très utilisée dans les jardins comme couvre-sol ou grimpante saisonnière selon les variétés, la capucine fait partie des fleurs comestibles les plus appréciées. Ses vertus condimentaires lui sont données par les boutons qui sont confits comme des câpres.

Famille : Tropaeolaceae
Origine : Pérou.
Feuillage : arrondi, vert glauque.
Floraison : de mai à octobre, en corolle à 5 pétales orange ou jaune.
Hauteur : de 30 cm à 2,50 m.
Rusticité au jardin : les graines se ressèment bien naturellement.
Sol : consistant, même calcaire.
Exposition : plutôt mi-ombragée.
Parfum : nul, saveur piquante.
Culture en pot : très facile.

Aspect

Tropaeolum majus est grimpante, *Tropaeolum nanum* pousse en buisson. Les feuilles rondes, vert bleuté, poussent sur des tiges charnues. Les fleurs portent un éperon.

Saveur

Proche du cresson, mais moins prononcée, poivrée, piquante.

Utilisation

Les feuilles, hachées, dans les salades et les fromages blancs. Les fleurs en décoration de tous les plats sont comestibles. Les boutons floraux sont confits dans du vinaigre comme les câpres. Ne pas cuire.

Culture

Plante annuelle dont les graines germent à l'obscurité. Très grosses, elles sont enfoncées de 2 cm dans le sol. Espacez-les de 40 cm au moins. Pour que vos capucines fleurissent dès le mois de mai, faites-les lever à l'intérieur près d'une fenêtre ou semez en pleine terre dès octobre dans les régions aux hivers doux. Si les pousses portant des vrilles sont trop longues, vous pouvez les tailler.

Sol

En pot : moitié terre de jardin, moitié compost finement tamisé.

Emplacement

En décoration florale sur le balcon, à la fenêtre, dans le jardin en platebande, au pied des plantes en bacs. La capucine ne fleurit pas à l'intérieur.

Éclairement

Indirect, important pour la floraison.

Température

Pas très exigeante, la capucine fleurit aussi bien quand l'été est frais que sous un climat un peu rude.

Fleurs lumineuses et feuillage sombre.

Arrosage

Très abondant en jardinière. En pleine terre, seulement par temps sec.

Conservation

Les boutons floraux dans la saumure et dans le vinaigre.

PATRICK MIOULANE
▶▶▶▶▶ *vous conseille*

La capucine renferme des principes amers à effet antibiotique. On dit que ses graines écrasées sont efficaces dans les inflammations urinaires et la grippe. Une lotion capillaire contre la calvitie est fabriquée avec : capucine (feuilles, fleurs, boutons et graines), ortie et feuilles de chêne macérées dans l'alcool.

Anthriscus cerefolium

Cerfeuil

Plante annuelle herbacée, on confond souvent le cerfeuil avec le persil, mais les feuilles profondément découpées et le parfum plus prononcé du premier permettent de le distinguer aisément. D'un goût très délicat, on l'utilise principalement frais dans les sauces.

Famille : Apiaceae (Ombellifères)
Origine : Europe, Afrique du Nord
Feuillage : vert pâle, finement découpé comme de la dentelle
Floraison : des petites ombelles blanches en mai et juin.
Hauteur : de 30 à 50 cm.
Rusticité au jardin : plante annuelle
Sol : léger, profond, humifère, souple.
Exposition : plutôt à l'ombre.
Parfum : bien présent, original, doux.
Culture en pot : très facile.

Aspect

Un buisson bien ramifié à la base, de petites feuilles vert tendre, molles et très découpées, portées par des tiges creuses, sillonnées, un peu velues.

Saveur

Douce, fraîche, légèrement anisée.

Utilisation

Les jeunes feuilles en soupe (velouté de cerfeuil), salades, omelettes aux fines herbes. Ne pas mélanger cerfeuil et jus de citron, la saveur devient trop acide. Ne pas cuire.

Culture

Plante annuelle qui germe à l'obscurité. On trouve dans le commerce des graines de cerfeuil plat ou frisé, l'un et l'autre sont également parfumés. Semez fin mars ou début avril en terrines, jardinières ou directement en pleine terre. En pot, la plante lève en une semaine ; il lui faut un peu plus longtemps en pleine terre. On peut cueillir le cerfeuil au bout de six semaines mais il ne repousse pas. Faites des semis tous les quinze jours, vous en aurez ainsi tout au long de l'année. Renouvelez la terre de vos terrines et de vos pots à chaque nouveau semis.

Sol

En pot, deux parties de terreau de tourbe, une partie de sable.

Éclairement

Le cerfeuil prospère mieux à mi-ombre, il ne supporte pas le plein soleil, sauf au début du printemps.

Température

Peu frileux, le cerfeuil craint à l'inverse les climats chauds. Il aime une certaine fraîcheur humide en été.

Le cerfeuil, une saveur vraiment délicate.

Arrosage

Maintenez la motte humide, sinon les feuilles vont rougir et la plante fleurira avant la récolte, perdant une grande partie de son arôme.

PATRICK MIOULANE
▶▶▶▶▶ *vous conseille*

Considéré jadis comme un anticoagulant, le cerfeuil était mélangé dans l'eau du bain des femmes venant d'accoucher. Une décoction de 40 à 60 g de feuilles de cerfeuil fraîches dans 1 l d'eau ; laissez bouillir pendant une demi-heure, puis filtrez. C'est idéal pour nettoyer les paupières dans les cas de conjonctivite bénigne ou pour se laver le visage (effet antirides).

Allium schoenoprasum
Ciboulette

Cette petite vivace au bulbe rhizomateux est la civette, l'appétit comme on dit dans les campagnes, la plante qui réveille les papilles. D'une saveur rare et délicate, c'est la compagne privilégiée de l'huile d'olive. Au jardin, elle fait aussi une superbe bordure fleurie.

Famille : Alliaceae
Origine : Europe, Amérique du Nord.
Feuillage : Herbacé, cylindrique, creux.
Floraison : en ombelle arrondie d'un élégant rose violacé *en juin/juillet.*
Hauteur : de 20 à 30 cm.
Rusticité au jardin : assez bonne, mais -10 °C constituent un minimum.
Sol : consistant, assez peu humifère.
Exposition : soleil ou mi-ombre.
Parfum : frais, stimulant, alliacé.
Culture en pot : sans problème.

Aspect
Des feuilles vertes tubulaires sortent des minuscules oignons qui poussent en motte serrée. Des ombelles roses apparaissent en juin au sommet des tiges raides.

Saveur
Prononcée, proche de l'oignon pour la ciboulette et de l'ail pour la ciboule.

Utilisation
Avec salades, potages, fromage blanc, œufs, pommes de terre, fines herbes. Ne pas cuire, mais hacher menu.

Culture
Plante vivace. Semez en avril directement en pleine terre ou en pot. Semez serré, il faut que les oignons forment une motte dense. Ne cueillez pas trop tôt, la plante risque de dépérir. Le mieux est d'acheter au printemps un ou deux pieds de ciboulette. Si vous en utilisez beaucoup, ressemez-en régulièrement car la plante s'épuise rapidement quand elle est cultivée en pot.

Sol
En pot, moitié terre de jardin, moitié compost, un peu de chaux.

Emplacement
Partout, même au nord.

Éclairement
Soleil doux et mi-ombre.

Température
Évitez les climats trop chauds.

Arrosage
Maintenez la motte humide mais ne laissez pas l'eau stagner.

Récolte
Ne cueillez que le tiers à la moitié des feuilles. Attendez que la première moitié ait repoussé avant de couper l'autre.

La ciboulette se cueille toute l'année.

Conservation
En pleine terre, pas besoin de protection. En pot, hivernez au frais et dans un lieu sec. Coupée, la ciboulette se conserve bien congelée.

PATRICK MIOULANE
▶▶▶▶▶ *vous conseille*

Au milieu de l'automne, composez des potées de ciboulette avec les plantes du jardin. Arrachez la souche avec une fourche bêche,décompactez les racines et divisez les plantes. Empotez des fragments comportant de 10 à 20 feuilles dans du terreau léger. Posez la culture sur le rebord de la fenêtre. Lorsque le pied est épuisé, plantez-le au jardin.

Lepidium sativum

Cresson alénois

C'est la cressonnette ou « passerage des jardins », que l'on s'amuse à faire lever sur une feuille de papier buvard lorsqu'on est enfant, car c'est une des plantes qui germent le plus vite (moins d'une semaine). Les jeunes pousses à la saveur tonique sont apéritives.

Famille : Brassicaceae (Crucifères)
Origine : Moyen Orient.
Feuillage : alterne. Linéaire en haut, très découpé à la base.
Floraison : grappes blanches en été.
Hauteur : de 30 à 50 cm.
Rusticité au jardin : plante annuelle qui ne craint pas les froids moyens.
Sol : léger, frais, humifère.
Exposition : pas de soleil direct.
Parfum : acidulé, piquant, pétillant.
Culture en pot : sans grand intérêt.

Aspect

Des tiges coriaces portent des feuilles vert clair disposées en rosettes. Les premières feuilles sont petites et ovoïdes. C'est sous cette forme que le cresson alénois est le plus utilisé.

Saveur

Proche du raifort, forte et rafraîchissante, soufrée, elle picote la langue.

Utilisation

En salade, avec le fromage blanc, les œufs, avec du pain beurré. Ne pas cuire ni associer à d'autres aromates.

Culture

Plante annuelle qui germe à la lumière. Semez du cresson alénois tous les huit jours, vous en aurez toujours à disposition. En plein air, on le sème au début du printemps sur les plates-bandes où il ne sera replanté que plus tard. N'en semez pas parmi d'autres plantes, ses huiles essentielles très fortes gênent la croissance des autres plantes.

Sol

Sans grande importance, puisque l'on cueille le cresson très jeune.
Il pousse dans le sable, la tourbe, le terreau pour fleurs, mais tout aussi bien sur la ouate humide.

Éclairement

Mi-ombre. Sur le balcon, préférez un bord de fenêtre exposé au nord.

Température

Sans importance, il lève en plein air dès mars et pousse bien à l'intérieur.

Arrosage

Maintenir une humidité constante, mais sans eau stagnante.

Récolte

Ne cueillez que les plantes très jeunes, avant qu'elles atteignent 10 à 15 cm de hauteur.

Le cresson alénois est facile à cultiver.

Hivernage

Cultivez le cresson alénois tout l'hiver sur le rebord de la fenêtre.

Conservation

Une plante à consommer uniquement fraîche puisque vous pouvez en faire pousser toute l'année.

PATRICK MIOULANE ▸▸▸▸▸ *vous conseille*

En plein été, le cresson alénois cultivé en pleine terre est trop fort et amer. Semez-le en pot dans un emplacement plus frais, à mi-ombre sur le balcon ou devant une fenêtre. Il constitue une source intéressante de vitamine C.

Artemisia dracunculus

Estragon

Extraordinaire sous-arbrisseau dont la saveur des feuilles est vraiment incomparable, l'estragon fait partie des « fines herbes » dont une vinaigrette de qualité ne saurait se passer. C'est une plante sans problème au jardin, à condition que l'hiver soit assez sec.

Famille : Asteraceae (Composées)
Origine : Moyen Orient, Asie centrale
Feuillage : persistant, fin, vert clair.
Floraison : une grappe sans intérêt particulier au milieu de l'été.
Hauteur : de 50 cm à 1 m.
Rusticité au jardin : parfaite.
Sol : plutôt alcalin, léger, drainé, frais.
Exposition : soleil non brûlant.
Parfum : soutenu, alliacé et anisé, assez âcre, plutôt stimulant.
Culture en pot : très facile.

Aspect

Tiges très ramifiées portant des feuilles étroites, allongées et d'un vert intense. Des boutons floraux verdâtres apparaissent au sommet des tiges à partir de juin. En pleine terre, il atteint 1,50 m, un peu moins en pot.

Saveur

Douce, amère, très fine, élégante.

Utilisation

Les feuilles accompagnent salades, poissons, volailles, soupes, omelette aux fines herbes. Ne pas cuire.

Culture

Plante vivace qui germe à l'obscurité. Il existe deux sortes d'estragon : l'estragon russe, très peu parfumé mais plus vigoureux qui se multiplie par semis. On le fait germer à la fenêtre, puis on le replante dans le jardin ou dans de grands pots quand les plantules sont bien enracinées. L'estragon français, plus parfumé mais moins résistant au froid ne produit pas de graines fertiles. Il se multiplie par drageons. En pleine terre, un pied d'estragon vit environ quatre ans, ensuite il se dégarnit de la base.

Sol

En pot, moitié terreau de feuilles ou terre de jardin, moitié compost.

Emplacement

En pot de grande taille ou en jardinière sur le balcon ou la terrasse, en plein air dans un endroit abrité, en compagnie de vivaces décoratives.

Éclairement

Intense. Le long d'un mur clair.

Température

L'estragon accepte les étés et les climats un peu rudes. Il a tendance à vite jaunir par temps chaud et sec.

L'estragon prospère dans les sols frais.

Arrosage

Arrosez copieusement par temps sec. Pas d'eau stagnante au fond des pots.

Conservation

Dans le vinaigre, ou congelé, les feuilles étant conservées entières.

PATRICK MIOULANE
▶▶▶▶▶ *vous conseille*

Si vous souffrez de rhumatismes ou de maux de gencives, appliquez quelques feuilles fraîches d'estragon sur la partie douloureuse et elle sera vite soulagée. C'est encore plus efficace si vous faites une boulette de feuilles que vous faites chauffer à 40 °C environ avant de les utiliser.

Laurus nobilis

Laurier

Comptant parmi les rares arbres à feuillage persistant pouvant pousser dans nos régions, le laurier sauce est aussi appelé « laurier d'Apollon » parce qu'il était, dans l'Antiquité, associé au dieu de la lumière et présenté comme un symbole glorieux porté en couronne.

Famille : Lauraceae
Origine : Bassin méditerranéen.
Feuillage : ovale, coriace, vert foncé.
Floraison : vert jaunâtre en juin.
Hauteur : plus de 10 m.
Rusticité au jardin : les températures inférieures à -10 °C sont mal tolérées.
Sol : léger, profond, même calcaire.
Exposition : chaude et très ensoleillée.
Parfum : très soutenu, une odeur balsamique bien particulière.
Culture en pot : très valable.

Aspect
Buisson vigoureux aux branches ligneuses portant des feuilles coriaces, allongées, toujours vertes. Les fleurs très parfumées. sont suivies par des baies noires non comestibles.

Saveur
Très prononcée. Les feuilles fraîches sont un peu plus amères que sèches.

Utilisation
Les feuilles dans les potages, les plats de poisson et de viande, les pommes de terre, les marinades pour le gibier, les cornichons.

Culture
Plantez de préférence au printemps.

Sol
Moitié terre de jardin, moitié compost.

Éclairement
Lumière intense, mais pas de soleil direct violent toute la journée.

Température
La laurier supporte jusqu'à -10 °C pendant des temps très courts.

Arrosage
Très généreux durant la végétation, sinon les feuilles sèchent et la plante dépérit. Modéré en hiver.

Récolte
Toute l'année, feuille à feuille ou en prélevant les jeunes pousses.

Multiplication
Par bouturage de mi-août à la fin de l'été. Soyez patient, le laurier pousse lentement. Ne cueillez pas les feuilles les trois premières années, la plante a besoin de se développer. Lorsque le pied est plus grand, vous pouvez le tailler en pyramide ou en couronne.

Hivernage
En pot, dans une pièce claire, à une température comprise entre 7 et 15 °C. Arrosez deux fois par mois.

Les baies du laurier sont toxiques.

Conservation
Mettez à sécher les feuilles en bouquets ou une à une. Si elles brunissent, elles perdent leur arôme.

Protection
Douchez le feuillage en été au jet d'eau pour disperser les pucerons.

PATRICK MIOULANE
▸▸▸▸▸ *vous conseille*

Taillez le laurier en automne pour l'équilibrer. Prélevez les branches et groupez-les en bouquets que vous laisserez sécher à l'air libre. La saveur du laurier et bien plus soutenue et agréable après une légère dessiccation.

Levistichum officinale

Livèche

Surtout appréciée dans les pays anglo-saxons, cette plante vivace que l'on nomme aussi « céleri bâtard » ou « ache des montagnes » est surtout utilisée comme condiment. Jadis, elle était réputée comme remède contre la jaunisse, car elle est dépurative et digestive.

Famille : Apiaceae (Ombellifères).
Origine : Europe, Alpes, Pyrénées.
Feuillage : alterne, engainant, très découpé, plus grand à la base.
Floraison : ombelle jaune en été.
Hauteur : de 50 cm à 1 m.
Rusticité au jardin : excellente.
Sol : riche, frais, bien drainé, humifère.
Exposition : plein soleil.
Parfum : très proche du céleri branche un peu épicé, poivré, assez chaud.
Culture en pot : peu recommandée.

Aspect

Des tiges anguleuses portent des feuilles dures et très découpées. En plein air, elle forme des buissons assez opulents. Les premières pousses de printemps sont rougeâtres. Au mois de juillet apparaissent des épis de fleurs jaunes au bout des tiges.

Saveur

Forte, assez proche de celle du céleri.

Utilisation

Les feuilles et les tiges dans les soupes, les ragoûts et les salades à base de viande. Attention à ne pas en mettre trop. La livèche peut s'utiliser aussi bien crue que cuite.

Culture

Plante vivace. Un pied suffit pour une famille, achetez un jeune plant dans le commerce au printemps.

Sol

Souple, riche, consistant : une partie de terre de jardin ou de terreau de tourbe, deux parties de compost.

Éclairement

Le plein soleil ou mi-ombre légère.

Température

La livèche est peu sensible au froid. Laissez-la dehors toute l'année.

Arrosage

Abondant pour que les feuilles restent bien vertes. Le pied ne doit pas sécher totalement, surtout en été.

Récolte

Prélevez les feuilles fraîches de mai à novembre selon les besoins.

Multiplication

Division de touffe la deuxième année.

Hivernage

On rabat toutes les tiges en automne. La livèche passe l'hiver sans problème en pleine terre. Hivernez les plantes en pots comme vos plantes ornementales dans une pièce fraîche. La livèche a besoin de repos hivernal. Sortez-la en mars et reprenez les arrosages, elle ne tardera pas à faire de nouvelles pousses.

La livèche, un succédané du céleri.

PATRICK MIOULANE

▶▶▶▶▶ vous conseille

Récoltez les jeunes feuilles avec leurs pétioles entiers et faites-les blanchir, puis consommez-les comme le céleri branche, notamment dans la soupe. L'huile de livèche est toujours réputée de nos jours pour éliminer les boutons sur le visage ainsi que les taches de son. La racine est diurétique.

Origanum majorana

Marjolaine

Souvent confondue avec l'origan dont elle est une proche cousine, la marjolaine est un sous-arbrisseau abondamment cultivé pour son huile essentielle qui est très appréciée comme sédatif de la toux. Mais attention, car à forte dose elle est toxique (narcotique).

Famille : Lamiaceae (Labiées)
Origine : Europe méridionale.
Feuillage : persistant, opposé, ovale.
Floraison : de juillet à septembre, en bouquets de petites fleurs blanches.
Hauteur : de 30 à 80 cm.
Rusticité au jardin : les fortes gelées sont souvent fatales à la marjolaine.
Sol : léger, acide, assez humifère.
Exposition : plein soleil, même sèche.
Parfum : épicé, tonique, un peu amer.
Culture en pot : tout à fait possible.

Aspect
Buisson touffu formant des tiges carrées, rougeâtres, portant des feuilles ovoïdes et légèrement velues. Les fleurs sont insérées dans des bractées vertes, portées au bout des tiges.

Saveur
Forte, assez particulière, épicée.

Utilisation
Feuilles et tiges avec : viande, pommes de terre, tomates, ragoûts. Ajoutez la marjolaine à la cuisson pas plus de 10 min avant la fin. Difficile de l'associer à d'autres condiments.

Culture
Cultivée en annuelle sous nos latitudes, la marjolaine germe à la lumière. Il existe deux races : la marjolaine française, très rustique ; la marjolaine allemande, plus fragile mais qui pousse plus vite. Achetez un ou deux jeunes plants au printemps.

Sol
Dans un pot : moitié terre humifère, moitié sable, et un peu de chaux.

Éclairement
Un endroit clair, chaud, ensoleillé.

Température
Assez sensible au froid, la marjolaine est mise en pleine terre en mai.

Arrosage
Ne laissez pas les jeunes sujets se dessécher. Les plantes adultes supportent bien mieux la sécheresse.

Récolte
Prélevez les jeunes pousses du sommet et les bractées vertes qui entourent les fleurs. La marjolaine est plus parfumée si on la cueille tôt le matin ou en fin d'après-midi.

Multiplication
Semis sous abri au printemps.

La marjolaine fleurit durant l'été.

Hivernage
En automne rentrez un ou deux pieds vigoureux devant une fenêtre.

Conservation
Séchez et stockez à l'abri de l'air, ou conservez dans l'huile.

PATRICK MIOULANE
▶▶▶▶▶ vous conseille

La marjolaine est associée à l'amour depuis l'Antiquité, car elle aurait été créée par Vénus. Les Grecs et les Romains l'appelaient « herbe du bonheur » et s'en servaient pour ceindre le front des jeunes amants. Offrir un bouquet de marjolaine est un signe de bonheur permanent. N'hésitez pas !

Melissa officinalis

Mélisse

Solide vivace au tempérament conquérant, qui a tôt fait d'envahir votre jardin, la mélisse est une plante sans problème, qui réussit vraiment partout. La variété décorative à feuilles panachées d'or est tout aussi aromatique. Une plante très appréciée dans les pays arabes.

Famille : Lamiaceae (Labiées)
Origine : sud de l'Europe.
Feuillage : opposé, gaufré, denté.
Floraison : de juin à octobre, des bouquets blancs ou roses, mellifères.
Hauteur : de 40 à 80 cm.
Rusticité au jardin : excellente
Sol : toute terre riche et compacte.
Exposition : soleil ou mi-ombre.
Parfum : frais de menthe citronnée lorsqu'on froisse les feuilles.
Culture en pot : très facile.

Aspect
Des tiges anguleuses et velues aux feuilles ovoïdes, vert clair et dentées. Les petites fleurs apparaissent à l'aisselle des feuilles. C'est une plante drageonnante qui couvre vite du terrain.

Saveur
Citronnée, rafraîchissante, amère.

Utilisation
Salades, tomates, sauces aux herbes, mayonnaise, poisson, riz, dans le vin chaud et le thé. Utilisez cru ou ajoutez en fin de cuisson. L'arôme est plus puissant si on écrase la plante.

Culture
Plante vivace. Achetez un jeune plant.

Sol
En pot, terre de jardin, compost et sable de rivière en mélange à parts égales. Sinon une bonne terre lourde.

Emplacement
Dans un grand pot ou en pleine terre en veillant à ce que la mélisse ne gêne pas la croissance des autres plantes (n'hésitez pas à la tailler).

Éclairement
Plein soleil non brûlant.

Température
Peu sensible au froid, la mélisse hiverne en pleine terre après avoir été complètement rabattue.

Arrosage
Ne laissez pas les jeunes plants se dessécher. Les sujets plus âgés supportent assez bien la sécheresse.

Récolte
Prélevez les jeunes feuilles tendres d'avril à fin septembre/octobre.

Multiplication
Division au printemps.

Conservation
Séchage ou congélation.

La mélisse est une plante envahissante.

Hivernage
Ne rentrez les pots que si les gelées sont longues et très fortes. Placez-les dans une véranda maintenue hors gel ou dans une pièce de la maison claire et maintenue à 10/15 °C.

PATRICK MIOULANE ▶▶▶▶▶ *vous conseille*

Le nom « mélisse » vient du grec* melissa*, abeille, en raison de l'attraction que cette plante exerce sur les « mouches à miel ». Disséminez-en quelques pieds dans votre jardin fruitier pour attirer les insectes pollinisateurs et ainsi obtenir une récolte plus régulière et plus abondante.

Mentha x *piperita*

Menthe poivrée

Hybride d'origine inconnue entre Mentha spicata, *la menthe verte et* Mentha aquatica, *la mente aquatique, la menthe poivrée ou « menthe anglaise » est très cultivée car elle offre un des arômes les plus complexes, qui permet de l'utiliser « à toutes les sauces ».*

Famille : Lamiaceae (Labiées)
Origine : sans doute horticole.
Feuillage : persistant, vert foncé, lancéolé, profondément nervuré.
Floraison : de juillet à septembre en épis terminaux violet pâle ou mauve.
Hauteur : de 20 à 70 cm.
Rusticité au jardin : excellente.
Sol : riche, consistant, neutre, frais.
Exposition : soleil assez léger.
Parfum : frais, stimulant, mentholé.
Culture en pot : très facile.

Aspect

De longues tiges anguleuses de section carrée, portent des feuilles vert sombre ou rougeâtres au bord denté.

Saveur

Rafraîchissante, balsamique, tonique.

Utilisation

Les feuilles en infusion, boissons rafraîchissantes, liqueur, accompagnement de l'agneau ou des crustacés, sauces. Utilisation crue ou cuite.

Culture

Plante vivace. Achetez plutôt un jeune plant. Sur le balcon, offrez-vous des espèces originales telles que la menthe bergamote *(Mentha citrata)*, ou la menthe marocaine (*Mentha longifolia)*, idéales pour le thé. Pour l'agneau, utilisez de la menthe crépue *(Mentha spicata)*, plus douce. La menthe corse *(Mentha requienii)*, forme un petit tapis très parfumé. La menthe sauvage *(Mentha arvensis)* à la saveur forte, est peu employée.

Sol

En pot, moitié terre de jardin ou terreau de tourbe, moitié compost.

Emplacement

En jardinière au milieu des fleurs de balcon. En pleine terre, dans un endroit bien délimité. Limitez le comportement envahissant de la menthe, en faisant pousser la plante dans un seau dont vous aurez ôté le fond.

Éclairement

Soleil diffus ou mi-ombre légère.

Température

Plus parfumée quand l'été est très chaud, mais assez résistante au froid.

Arrosage

Ne laissez pas les jeunes plants se dessécher. Quand le sujet est plus âgé, n'arrosez que par temps sec.

La menthe poivrée à la saveur épicée.

Récolte

D'avril à octobre, prélevez l'extrémité des jeunes tiges (plus parfumée). Rabattez en automne toute la végétation au ras du sol (faites sécher les tiges récoltées) pour favoriser la formation de nouvelles pousses.

PATRICK MIOULANE
▸▸▸▸▸ *vous conseille*

Les menthes possèdent des propriétés toniques qui sont favorables aux personnes âgées, malades ou convalescentes. Faites une infusion de 30 à 60 g de feuilles fraîches dans 1 l d'eau. Sucrez généreusement au miel.

Origanum vulgare

Origan

Souvent confondu avec la marjolaine et d'ailleurs appelé aussi « marjolaine bâtarde », l'origan est un sous-arbrisseau vivace à la végétation traçante. Symbole de la joie chez les Romains qui en couronnaient les jeunes couples, l'origan possède des propriétés sédatives.

Famille : Lamiaceae (Labiées)
Origine : Bassin méditerranéen.
Feuillage : opposé, à toutes petites feuilles plates en forme de cuiller.
Floraison : de mai à octobre, épis roses ou blancs à l'extrémité des tiges.
Hauteur : de 30 à 80 cm.
Rusticité au jardin : moyenne.
Sol : assez sec, acide, humifère.
Exposition : chaude et ensoleillée.
Parfum : épicé, profond, doux.
Culture en pot : très facile.

Aspect
De longues tiges dures et rougeâtres, portent de nombreuses feuilles minuscules, finement velues, gris-vert. Les fleurs sont assez mellifères.

Saveur
Balsamique, teintée d'amertume, plus prononcée que celle de la marjolaine auquel il ressemble beaucoup.

Utilisation
Tous les plats méditerranéens, pizzas, fromage, viande, charcuterie, potages, infusion. Cuisson possible.

Culture
Plante vivace qui germe à l'obscurité. Achetez un jeune plant au printemps.

Sol
En pot, deux parties de terreau de tourbe, une de compost tamisé, une de sable siliceux, un peu de chaux.

Emplacement
Sur le balcon ou la terrasse ou sur le rebord d'une fenêtre, en jardinière plein sud. En pleine terre, dans un jardin de rocailles. L'origan a besoin d'espace pour prospérer.

Température
L'origan prospère même si l'été est frais, mais son arôme sera moins prononcé. Sous un climat rude, cultivez-le comme une plante annuelle.

Arrosage
Inutile sauf par temps très sec.

Récolte
Prélevez les feuilles et les pousses fleuries. Taillez une partie des longs rameaux et faites-les sécher. De nouvelles pousses porteuses de feuilles tendres et parfumées vont se former.

Multiplication
Divisez la touffe de plus de deux ans. Bouturez des jeunes pousses en août. Semis possible en mars/avril.

L'origan, un parfum venu du sud.

Hivernage
En automne, rabattez la touffe au ras du sol et recouvrez le pied de feuilles mortes. Protégez du gel les bacs qui restent sur le balcon. Vous pouvez éventuellement hiverner le pied dans une cave sombre et fraîche.

PATRICK MIOULANE
▸▸▸▸▸ *vous conseille*

Faites infuser 5 min 30 g de feuilles sèches dans 1 l d'eau, bien sucrée au miel pour favoriser le sommeil. Une pommade avec 100 g d'origan frais mijoté 1 h au bain-marie avec 500 g de saindoux, est efficace sur les douleurs diverses.

Petroselinum sativum

Persil

Il s'agit de la plante condimentaire la plus usitée dans la cuisine française. On considère le persil comme un « alicament », c'est-à-dire un aliment à effet thérapeutique certain. Le persil est diurétique, fébrifuge, stimulant et très riche en vitamine C (antianémique).

Famille : Apiaceae (Ombellifères)
Origine : Bassin méditerranéen.
Feuillage : plat ou frisé, vert foncé.
Floraison : de juin à septembre la deuxième année, ombelles verdâtres.
Hauteur : de 20 à 40 cm.
Rusticité au jardin : les feuilles du persil sont détruites par le gel.
Sol : humifère, frais, léger, souple.
Exposition : pas de soleil direct.
Parfum : herbacé, frais, tonique.
Culture en pot : recommandée.

Aspect
Les tiges anguleuses disposées en rosettes portent des feuilles triangulaires plates ou frisées.

Saveur
Relevée, un peu amère.

Utilisation
Le persil plat est plus parfumé que le persil frisé, qui convient mieux pour la décoration des plats. Les feuilles accompagnent salades, pommes de terre, légumes, sauces, fromage blanc. Ne pas le cuire, on l'ajoute en fin de cuisson dans les plats chauds.

Culture
Plante bisannuelle qui germe à l'obscurité. Semez à partir de mars à l'intérieur, en pots ou jardinières que vous sortirez en avril, quand les plantules seront assez vigoureuses. En pleine terre, il vaut mieux semer en août ; vous pourrez le cueillir dès le printemps suivant. La deuxième année, quand les fleurs se forment, le persil n'est plus bon. Il faut le ressemer chaque année. La germination est longue (3 semaines au moins).

Sol
En pot, moitié terre de jardin ou terreau de tourbe, moitié compost.

Éclairement
Toute la belle saison à mi-ombre. En hiver, derrière une fenêtre qui reçoit les rayons directs du soleil.

Température
Il faut abriter le persil du gel par une cloche ou le rentrer dans une pièce fraîche pour prolonger la récolte.

Récolte
Attendez que se soient formées suffisamment de feuilles vigoureuses pour ne pas gêner la croissance.

Le persil pousse très bien en pot.

Multiplication
Par semis en terrine. Les graines sont récoltées sur les ombelles qui apparaissent la seconde année.

Conservation
Séchage, congélation, salaison.

Attention
Les graines ne sont pas comestibles.

PATRICK MIOULANE
▶▶▶▶▶ *vous conseille*

Le persil a longtemps été considéré comme une herbe magique aux pouvoirs protecteurs. Il était réputé pour neutraliser les poisons. Il est vrai qu'appliqué en l'écrasant sur une piqûre d'insecte, il libère tout de suite de la douleur. On dit que le jus du persil est répulsif pour les moustiques. Pourquoi ne pas essayer !

Sanguisorba minor

Pimprenelle

La petite pimprenelle comme on l'appelle aussi souvent est une plante vivace à feuillage persistant que l'on rencontre communément en Europe du Nord. Son nom, dérivé du latin sanguis sorbere, *absorber le sang, fait référence à ses propriétés hémostatiques.*

Famille : Rosaceae
Origine : Europe, Asie.
Feuillage : ovale à bord denté.
Floraison : de juillet à septembre, des épis vert et rouge foncé.
Hauteur : de 30 à 60 cm.
Rusticité au jardin : parfaite.
Sol : surtout calcaire, assez compact.
Exposition : indifférente.
Parfum : une curieuse saveur de noix, noisette et concombre mélangés.
Culture en pot : sans grand intérêt.

Aspect
Les petites feuilles dentées poussent en rosettes serrées au bout de longues tiges cannelées rougeâtres.

Saveur
Fraîche, herbacée, assez étrange.

Utilisation
Les feuilles tendres accompagnent salades, soupes, ragoûts, œufs, sauces, tomates, boissons. Ne pas cuire.

Culture
Plante vivace qui germe à l'obscurité. Semez à partir d'avril directement en pleine terre ou en pot. Éclaircissez dès que les plantules peuvent être saisies entre deux doigts. Plantée trop serrée, la pimprenelle ne poussera pas bien. En pleine terre, espacez les pieds de 20 cm. En pot, un seul pied par pot de 20 cm.

Sol
En pot, deux parties de terre de jardin ou de terreau de tourbe, une partie de sable, un peu de chaux.

Emplacement
De préférence au jardin. Dans un bac, les tiges ont tendance à pendre par-dessus le rebord du contenant, d'où la possibilité de cultiver la pimprenelle en suspension.

Éclairement
Un soleil intense, surtout en hiver.

Température
Peu sensible au froid, la pimprenelle supporte les étés frais et peut être récoltée jusqu'aux premières gelées.

Arrosage
Pas trop d'eau. Si les feuilles ont tendance à pendre, baignez la plante.

Récolte
Prélevez selon les besoins les feuilles tendres, vert clair. Rabattez la plante après la floraison, elle repartira bien.

Des feuilles tendres au goût de noix.

Hivernage
Pour avoir de la pimprenelle l'hiver, semez en août et rentrez les pots fin octobre dans une pièce fraîche.

Conservation
Congélation. Mais il vaut mieux continuer la cueillette tout l'hiver.

PATRICK MIOULANE
▶▶▶▶▶ *vous conseille*

Infusée dans du vin, à raison de 30 g de feuilles fraîches par litre, la pimprenelle est réputée efficace contre la goutte et les rhumatismes. Il est possible de consommer les feuilles en hiver comme de la salade.

Un généreux bouquet de romarin dans le potager du célèbre chef Michel Guérard à Eugénie-les-Bains (Landes)

Rosmarinus officinalis

Romarin

Arbuste persistant très buissonnant, dont les fleurs attirent irrésistiblement les abeilles dès le tout début du printemps, le romarin évoque le parfum des garrigues de Provence. Son nom Rosmarinus *signifie littéralement « rosée de mer », référence à son habitat littoral.*

Famille : Lamiaceae (Labiées).
Origine : littoral méditerranéen.
Feuillage : opposé, linéaire, gris-vert.
Floraison : petites grappes de fleurs bleu pâle de mars à juin.
Hauteur : de 80 cm à 1,50 m.
Rusticité au jardin : très bonne.
Sol : léger, poreux, calcaire, pauvre.
Exposition : chaude et ensoleillée.
Parfum : nuance herbacée, camphrée, piquante, amère, très puissante.
Culture en pot : bonne réussite.

Aspect

Buisson ligneux aux feuilles persistantes très étroites, d'un vert bleuté, blanches en dessous. Les fleurs sont très visitées par les abeilles.

Saveur

Balsamique, âpre et amère.

Utilisation

Le romarin accompagne tous les plats méditerranéens, rôtis, viandes blanches, pâtes, tomates, légumes. Jetez quelques rameaux dans le feu pour les grillades. Il peut être cuit.

Culture

Vous pouvez semer le romarin, mais la croissance est très lente. Il faut attendre trois ans pour la première récolte. Il vaut mieux se procurer un ou deux pieds dans le commerce.

Sol

En pot, deux parties de terre de jardin ou de terreau de tourbe, une de compost, une de sable ou de gravier fin, un peu de chaux. Le romarin ne supporte pas la terre trop compacte.

Éclairement

Le soleil le plus intense possible.

Température

L'arôme se développe avec la chaleur. Le romarin supporte des températures jusqu'à -10 °C. En dessous, il faut le rentrer ou le protéger.

Arrosage

Soyez très parcimonieux.

Récolte

Coupez les jeunes pousses au fur et à mesure des besoins. Mais ne pillez pas trop le pied, il aurait du mal à repartir. Taillez l'extrémité des tiges tout en donnant une jolie forme en boule. Ne cueillez pas trop en hiver, les nouvelles pousses ont du mal à se former sur le vieux bois.

Le romarin aux jeunes feuilles tendres.

Multiplication

Bouturez des jeunes pousses en août, en terrine sous abri.

Précaution

Ne prenez pas de bain au romarin le soir, vous auriez du mal à dormir car son essence a un effet très tonique.

PATRICK MIOULANE
▶▶▶▶▶ vous conseille

Le romarin est un symbole d'amitié, d'amour et de fidélité. Dans le Midi, la nouvelle mariée portait une couronne de romarin sensée la protéger. Il est vrai qu'une feuille de romarin appliquée sur une blessure la guérit.

Satureja hortensis

Sarriette

Plante annuelle buissonnante que l'on peut aisément confondre avec le thym, la sarriette s'en distingue par ses tiges rougeâtres. Le nom Satureja *vient du latin* satyrus, *allusion à la réputation aphrodisiaque de cette plante que l'on appelle aussi « l'herbe du bonheur ».*

Famille : Lamiaceae (Labiées)
Origine : Bassin méditerranéen.
Feuillage : opposé, linéaire, plat.
Floraison : en juillet, grappes de petites fleurs blanches, roses ou lilas.
Hauteur : de 10 à 30 cm.
Rusticité au jardin : annuelle assez frileuse, ne se ressème pas seule.
Sol : léger, poreux, même pauvre.
Exposition : chaude et ensoleillée.
Parfum : entre le thym et le romarin.
Culture en pot : très recommandée.

Aspect
Les tiges dures et ramifiées portent des feuilles étroites vert sombre. L'ensemble forme une petite touffe à la texture douce et veloutée.

Saveur
Poivrée, phénolée, avec une note épicée et mentholée, très parfumée.

Utilisation
Feuilles ou tiges entières avec les haricots, la soupe de pommes de terre, les ragoûts, les viandes grasses. La sarriette excite l'appétit et favorise la digestion. Elle peut être cuite.

Culture
Plante annuelle qui germe en pleine lumière. Semez en miniserre derrière une fenêtre en mars. Lorsque les plantules ont atteint 5 cm, repiquez-les par trois dans un pot de 12 cm. Transplantez dehors à la mi-mai.

Sol
En pot, deux parties de terreau de tourbe, une partie de compost, une partie de sable, un peu de chaux.

Éclairement
Le plein soleil, même très intense.

Température
La croissance est vraiment bonne à partir de 15 °C, optimale à 22 °C.

Arrosage
Ne laissez pas la motte se dessécher tant que les plantes n'ont pas atteint leur plein développement. Par la suite, la sarriette supporte la sécheresse.

Fertilisation
Trop d'engrais notamment azoté est nuisible à l'arôme. Une terre pauvre donne les meilleurs résultats.

Récolte
C'est au moment de la floraison et en plein soleil que la sarriette exhale le meilleur de son arôme. Coupez les tiges à environ 10 cm du sol, la plante repousse et se ramifie.

Hivernage
Si vous procédez à un deuxième semis en juin/juillet, vous aurez de la sarriette pour l'hiver.

La sarriette a besoin du plein soleil.

Conservation
Séchage et congélation.

PATRICK MIOULANE
▶▶▶▶▶ *vous conseille*

L'huile volatile contenue dans la sarriette facilite la digestion tout en évitant les ballonnements. Après avoir consommé poivrons, concombres ou haricots en grains, préparez une infusion de 50 g de feuilles dans un litre d'eau. Buvez trois tasses par jour, bien sucrées avec du miel.

Salvia officinalis

Sauge

Sous-arbrisseau vivace aisément reconnaissable à ses feuilles grisâtres, crénelées et veloutées, la sauge a longtemps été considérée comme une panacée. Son nom botanique Salvia*, vient du latin* salvare*, guérir. On la considère comme un tonique naturel efficace.*

Famille : Lamiaceae (Labiées).
Origine : Bassin méditerranéen.
Feuillage : persistant, ovale, gris-vert.
Floraison : en juin/juillet, des épis terminaux de fleurs bleu violacé.
Hauteur : de 30 à 50 cm.
Rusticité au jardin : assez bonne.
Sol : léger, sec, profond, non calcaire.
Exposition : chaude ou ensoleillée.
Parfum : épicé, légèrement camphré.
Culture en pot : très facile.

Aspect
Petit buisson ligneux au feuillage un peu clairsemé couvert de poils argentés. Les fleurs attirent les abeilles.

Saveur
Très prononcée, amère, piquante.

Utilisation
Les feuilles cuites accompagnent viandes, jambon, ragoûts méditerranéens, pâtes. Utilisées également en infusion pour les gargarismes.

Culture
Plante vivace qui germe à l'obscurité. Faites lever les graines, dès avril derrière une fenêtre, en mai en pleine terre. Quand les plantules atteignent de 10 à 15 cm, repiquez-les par 3 ou 4 en pot de 12 cm ou en pleine terre, à leur emplacement définitif.

Sol
En pot, deux parties de terre de jardin, une partie de compost, une partie de sable, un peu de chaux.

Éclairement
Intense, y compris l'hiver. L'arôme se développe essentiellement au soleil.

Température
Plus elle est élevée en été, plus l'arôme des feuilles sera intense.

Arrosage
La sauge apprécie la sécheresse.

Récolte
Préférez les feuilles tendres pour vos assaisonnements, le goût est moins fort. La sauge pousse rapidement, dès lors qu'elle est un peu utilisée. Vous pouvez la rabattre en août et sécher les feuilles. De nouvelles pousses vont se former avant l'hiver.

Multiplication
Bouturage de jeunes rameaux de juin à septembre. Les boutures de 10 cm de long sont placées à l'étouffée.

Des feuilles gaufrées et veloutées.

Hivernage
La sauge peut passer l'hiver dehors. Si la température descend sous les -10 °C, couvrez le pied de feuilles mortes ou (provisoirement) d'un plastique. Rentrez les pots à exposition claire et fraîche quand il gèle.

PATRICK MIOULANE
▸▸▸▸▸ vous conseille

Essayez aussi la sauge moscatelle* (Salvia sclarea). *On utilise surtout son arôme épicé très particulier dans les entremets. Notez que les sauges ornementales cultivées pour leurs fleurs ne conviennent pas pour la cuisine.

Thymus vulgaris

Thym

Sous-arbrisseau vivace à port étalé, le thym est une des herbes aromatiques les plus courantes. Il fait partie du « bouquet garni » et des « herbes de Provence ». Le nom Thymus *signifie étymologiquement, colère, car cette plante est un tonicardiaque à l'effet excitant.*

Famille : Lamiaceae (Labiées)
Origine : Europe du Sud, Asie.
Feuillage : opposé, persistant, linéaire.
Floraison : d'avril à septembre, des épis terminaux mauves, très mellifères.
Hauteur : de 10 à 30 cm.
Rusticité au jardin : assez bonne.
Sol : sec, pauvre, calcaire, caillouteux.
Exposition : chaude, très ensoleillée.
Parfum : herbacé, amère, puissant très particulier, avec une note poivrée.
Culture en pot : très recommandée.

Aspect
Le petit buisson ligneux porte des feuilles étroites, gris-bleu, lancéolées. Les tiges tortueuses sont veloutées.

Saveur
Très balsamique, un peu amère.

Utilisation
Feuilles, fleurs, pousses cuites accompagnent les plats de viande, les pâtes, les ragoûts, les pommes de terre, le gibier. Facilite la digestion.

Culture
Plante vivace qui germe à l'obscurité. Semez sous abri en mars/avril. Les plantules poussent lentement et s'étalent tant que les tiges sont encore herbacées. En vieillissant, elles vont former une sorte de coussin. Il est plus simple d'acheter un jeune plant pour des récoltes immédiates. En pleine terre, le thym a du mal à repartir après une forte gelée, mais pousse ensuite généreusement.

Sol
En pot, deux parties de terre de jardin ou de terreau de tourbe, une de compost, une de sable, un peu de chaux.

Emplacement
Le thym est une très bonne plante de rocaille. Il peut aussi s'utiliser en couvre-sol entre des dalles.

Éclairement
Le plein soleil toute l'année.

Température
L'arôme du thym se développe mieux lorsqu'il fait chaud.

Arrosage
Très modéré, surtout en hiver.

Récolte
Toute l'année selon les besoins.

Multiplication
Boutures de tiges en juillet/août.

Le thym apprécie les terres sèches.

Hivernage
Au début de l'automne, rabattez le buisson d'un tiers, il se ramifiera généreusement au printemps suivant.

Conservation
Séchage, congélation.

PATRICK MIOULANE
▶▶▶▶▶ *vous conseille*

Profitez de promenades en montagne pour récolter des branches sèches de thym sauvage (serpolet), sa saveur est plus délicate que celle du thym de jardin. Le thym étant un antiseptique naturel très efficace, vous pouvez utiliser l'infusion (30 g/l) en bains de bouche après le brossage des dents.

Index

A

Absinthe 27
Acariens 26
Achat 22
Allium schoenoprasum 43
Aluminium (feuilles d') 26
Aneth 16, 32, 38
Aneth (graines d') 38
Anethum graveolens 38
Anthriscus cerefolium 42
Argile en poudre 25
Argile expansée 12
Arrière-cour 11
Arrosage 24
Arrosage (eau d') 25
Artemisia dracunculus 45

B

Bactéries 26
Bac à glaçons 30
Bac en bois 6
Balcon 4
Balcon (exposition du) 4
Balcon (microclimat sur le) 23
Balcon (plantes condimentaires pour le) 4
Balcon (récipients pour la culture sur le) 5, 6
Basilic 12, 16, 39
Boissons rafraîchissantes 31
Borago officinalis 40
Bourrache 16, 40
Boutures 34

C

Capucine 16, 27, 41
Carottes 31
Cerfeuil 16, 42
Charcuterie 31
Charge autorisée 4
Chaux 25
Chou 31
Ciboulette 16, 43
Climat 23
Cochenilles 26
Compost 17
Concombre 31
Congélation 30
Conservation 28
Consoude (infusion de) 26
Copeaux d'os 25
Cresson 44
Cresson alénois 44
Cueillette 28
Cuisine (utilisation des herbes en) 31
Culture 23
Culture (conseils de) 18
Culture (mélange pour) 16

D

Division de touffes 34
Drageonnage 34
Drainage 17

E

Eau 24
Eau d'arrosage 24
Eau stagnante 24, 27
Eclaircir 20
Eclairement 23
Engrais à faire soi-même 26
Engrais pour plantes en pot 25
Engrais minéraux 25
Engrais organiques 25
Estragon 16, 45
Estragon allemand 45
Estragon français 45
Estragon russe 45
Etuve 30
Exposition 4

F

Fenêtre 11
Fertilisation 25
Four (séchage au) 30
Fromage 31
Fumier animal 26

G

Germination (temps de) 18
Germination (dans l'obscurité et la lumière) 20
Gibier 31
Gigot 31
Graines 18
Graines (conservation des) 33
Graines (récolte des) 33

H

Herbes aromatiques en cuisine 31
Hiver (récolte d') 35

Hivernage 35
Huile (conservation à l') 31

I

Infusion 27

J

Jardin 9
Jardin (terre de) 14
Jardin d'ornement 24
Jardin pyramidal 10
Jardinière 5, 12
Jardinière sans fond 7
Jardin surélevé 10
Jeunes plants 22

L

Laurier 16, 46
Laurus nobilis 46
Lepidium sativum 44
Levisticum officinale 47
Livèche 16, 47

M

Majorana hortensis 48
Maladies 26
Maladies cryptogamiques 27
Marcottage 34
Marjolaine 16, 48
Mélange de terre 15, 16
Mélisse 16, 49
Melissa officinalis 49
Mentha piperita 50
Menthe 50
Menthe poivrée 50
Microclimat 23
Mini-serre 18
Mouton (gigot de) 31
Multiplication 33

O

Ocimum basilicum 39
Œufs 31
Ombre 4, 24
Ombre (faire de l') 4, 26
Origan 16, 51
Origanum vulgare 51
Orties (purin d') 26

P

Parasites 26
Parasites (lutte contre) 26
Pâtes 31
Persil 16, 52
Petroselinum crispum 52
Pimprenelle 16, 53
Pizza 31
Plantes condimentaires (propriétés thérapeutiques) 32
Plantules (repiquage des) 20
Plate-bande 10, 11
Poisson 31
Pomme de terre 31
Pot de fleurs 5, 12
Pots en plastique 5
Pots de terre 5
Poudre d'os et sang séchée 25
Pucerons 26
Purin d'orties 26
Pyramide 10, 11
Pyrèthre 27

R

Récipients pour plantes à la fenêtre 12
Récipients pour plantes sur balcon 5
Repiquage 20
Rocaille 9
Romarin 16, 54, 55
Rosmarinus officinalis 55
Rôti 32

S

Salades 32
Salaison 31
Salvia officinalis 57
Salvia sclarea 57
Sanguisorba minor 53
Sarriette 16, 56
Satureja hortensis 56
Sauce verte 32
Sauge 16, 57
Sauge moscatelle 57
Sauge ornementale 57
Séchage 30
Semence 18
Semer 19
Semis 20, 21
Semis à la fenêtre 18
Semis en pleine terre 21
Serpolet 58

Serre de balcon 9
Serre murale 9
Sol 15
Soupes 32
Supports de culture 14
Support en colimaçon 9
Support étagé 8
Suspension 6

T

Taille de rajeunissement 26
Tanaisie (infusion de) 27
Taupinières 15
Terrasse 4
Terrasse plain-pied 7
Terre 14
Terre (alléger la) 16
Terre (mélange de) 16
Terreau de rempotage 14
Terreau pour fleurs 14
Terre pour semis 19
Terre végétale 14
Thym 16, 58
Thymus vulgaris 58
Tomates 32
Tonnelet à herbes 6, 7
Tourbe 13
Tourbe (pastilles de) 18
Tropaeolum majus 41
Tropaeolum nanum 41

V

Vase clos 19
Vent (protection contre) 4, 24
Vinaigre (conservation au) 31
Volaille 32

Crédits photographiques

Toutes les photos proviennent de l'agence MAP/Mise au Point

N. et P. Mioulane (p.5, p.12, p.14, p.22, p.25, p.37, p.43, p.46, p.47, p.48, p.49, p.52, p.53, p.54) ;

F. Strauss (p.8, p.13, p.15, p.19, p.29, p.30, p.32, p.42, p.51, p.56, p.57, p.59) ;

A. Descat (p.38, p.39, p.40, p.44, p.50, p.55, p.58) ;

A. Guerrier (p.41) ; F. Didillon (p.45) ; NOUN (p.63).

Photo de couverture : ©MAP/Mise au Point

Direction : Stephen Bateman

Direction éditoriale : Pierre-Jean Furet

Édition : Christine Martin

Conception graphique : Béatrice Lereclus

Conception et réalisation couverture : Delphine Dattée

Réalisation : Delphine Dattée

Fabrication : Claire Leleu

Dépôt légal : juin 2008

ISBN : 978-2-01-620965-3

62-63-5122-03-7

Imprimé par G. Canale & C. S.p.A. - Turin (Italie)